ROCKGUITAR UNCAGED

Lerne die essentiellen Skalen der Rockgitarre mit dem CAGED-System

JOSEPH**ALEXANDER**

FUNDAMENTAL**CHANGES**

Rock Guitar UN-CAGED

Lerne die essentiellen Skalen der Rockgitarre mit dem CAGED-System

Veröffentlicht von **www.fundamental-changes.com**

Copyright © 2019 Joseph Alexander

ISBN: 978-1-78933-111-0

Das moralische Recht dieses Autors wurde geltend gemacht.

www.fundamental-changes.com

Titelbild Copyright - Adobe Stock

Für Amanda

Mit besonderem Dank an Torsten Balduf für die wertvolle redaktionelle Mitarbeit.

Inhalt

Vorwort

Danke, dass du dich entschieden hast, dieses Buch zu kaufen. Dies ist das sechste abendfüllende Lehrbuch, das ich geschrieben habe, und nach dem Feedback und den Bewertungen, die ich erhalte, scheinen die Leute sie wirklich zu genießen und können leicht damit lernen. Ich kann nicht beschreiben, was für ein erstaunliches Gefühl es ist, Menschen helfen zu können, auf diese Weise Gitarre zu lernen. Musik und Bildung sind seit 20 Jahren meine Leidenschaft. Ich unterrichte immer noch privat, aber zu wissen, dass ich in gewisser Weise so vielen Menschen helfe, Gitarre zu lernen, ist etwas ganz Besonderes. Bis heute wurden fast 10.000 Bücher verkauft, was eine unglaubliche Zahl ist. Es gibt noch ein paar weitere geplante und ich schwöre, sie immer originell, geradlinig und vorteilhaft für dein Spiel zu halten.

Warum ein weiteres CAGED-System-Buch?

Das ist eine berechtigte Frage! Mein erstes ‚CAGED' Buch findet sich normalerweise in den Top 10 der ‚Gitarren'-Bücher auf Amazon.com. Es ist nach 8 Monaten immer noch in den Top 5 der Bücher für Bluesgitarre.

Ich denke aber, dass es auch Möglichkeiten gibt, das System auf das Erlernen von Rockgitarre anzuwenden. Während sich Buch eins auf die Entwicklung eines soliden Fundaments in der Bluesgitarre konzentrierte, bringt dieses Buch das CAGED-Konzept auf die nächste Stufe. Obwohl es einige Ähnlichkeiten in der *Struktur* des Buches geben mag, ist das Material selbst neu und speziell geschrieben, um deine Griffbrett-Vision als „Rock"-Gitarrist zu erhöhen.... und natürlich sind die 100 Licks, die ich aufgenommen habe, alle *völlig* neu. Jeder Lick wird dir etwas über die Skalenform beibringen, die du zum Solo benutzt. Einige Linien sind geradlinig, andere etwas kniffliger und wieder andere sogar etwas „schredderhaft". So oder so, sie alle werden einen anderen Teil jeder Skalenform hervorheben. Fühle nicht das Bedürfnis, jede Zeile *genau*so zu spielen, wie sie geschrieben wurde; versuche, das Konzept hinter jedem Lick zu sehen und das in dein Spiel aufzunehmen.

Rock ist allerdings ein ziemlich großes Genre...?

Ich stimme völlig zu. Wir sind alle Produkte dessen, was wir hören. Für mich ist Rock alles von Led Zep und Hendrix, über The Rolling Stones, Van Halen, Jeff Beck, Metallica und Hunderte anderer großartiger Musiker. Ich kann nicht sagen, dass diese 100 Licks alle „70er Rock" oder „80er Jahre Hair-Gitarre" sind, denn vieles davon hängt von vielen stilistischen Dingen ab.... Klang, Können, Geschmack, Geschwindigkeit, Ton, Vibrato, Rhythmus, Kontext und eine Vielzahl anderer Faktoren. Die Blues-Skala in den Händen von Joe Satriani ist ein ganz anderes Biest als beispielsweise in den Händen von Frank Zappa.

Aus diesem Grund rate ich dir, die Licks in diesem Buch zu studieren und ihre Essenz aufzunehmen. Es kann ein Muster, ein Vibe, eine Reihe von Bends und Slides oder eine Zielnote sein....... Was auch immer es sein mag, versuche, das *Konzept* in dein Spiel zu integrieren. Dann, in welchem Stil auch immer du dich entscheidest zu spielen, wirst du immer in der Lage sein, tiefer zu graben und die Werkzeuge zu finden, die du brauchst, um dich klar und kreativ auszudrücken.

Vergiss nicht, der *Sinn dieses Buches ist es, dir das Griffbrett beizubringen*. Die Übungen öffnen wirklich das Griffbrett. Ich habe sie am Guitar Institute gelernt und unterrichte sie allen meinen Schülern mit hervorragenden Ergebnissen. Sie können anfangs etwas knifflig sein, aber sie sind es wert. Ich verspreche es!

Viel Glück!

Joseph

Alle Backing Tracks wurden von dem exzellenten **Quist** erstellt. Check ihn mal aus!

Einführung

Die größte Herausforderung für die meisten Gitarristen besteht darin, das Griffbrett vollständig zu öffnen. Das Ziel ist es, alles spielen zu können, was du in deinem Kopf hörst, wo immer du auf der Gitarre bist, und nicht die gleichen alten Licks in der gleichen Position zu spielen.

Die erste Skala, die die meisten von uns lernen zu spielen, ist die Moll-Pentatonik in der ersten Position. Das ist keine schlechte Sache, denn sie klingt fantastisch, sie ist leicht zu merken und sie gibt Zugang zu vielen der Licks, die wir hören wollen. Leider hört für viele Spieler das Lernen dort auf. Schon bald können unsere Soli langweilig und vorhersehbar werden, wir greifen immer nach der gleichen Skalenform und spielen die gleichen Linien.

Tatsächlich gibt es 5 verschiedene Formen derselben kleinen pentatonischen Skala, die wir über dem gesamten Griffbrett verteilen können. Obwohl sie die gleichen Noten enthalten, sind diese Noten nicht unbedingt in den gleichen *Tonhöhen* und jede einzelne Form wird garantiert unterschiedliche Linien und Nuancen in deinem Spiel hervorheben. Die einfache Tatsache, dass unsere Finger verschiedene Formen auf der Gitarre verwenden, wird uns dazu bringen, neue und aufregende Soli zu spielen.

Eine weitere zu berücksichtigende Sache ist, dass, wenn du dich zum Beispiel in der Tonart A befindest und nach der pentatonischen Box in dem 5. Bund greifst, du sofort die Möglichkeiten der ersten Linie einschränkst die du für dein Solo spielst. Kannst du *sofort* in *jeder Position* auf dem Griffbrett in der Tonart A spielen, ohne nachzudenken? Wie sieht es aus, wenn du sofort *irgendwo* am Griffbrett in der Tonart G# spielen willst?

In der Rockgitarre kann es oftmals zu plötzlichen Tonartwechseln kommen. Wenn du in der Tonart G spielst und dann auf die Tonart C# wechseln musst, springst du dann sofort vom 3. Bund, g-Moll-Pentatonische Tonleiter, zum Spielen einer ähnlichen Idee in den 9. Bund? Wäre es nicht besser, nicht zum Springen gezwungen zu werden?

Um die volle melodische Freiheit auf der Gitarre zu entwickeln, müssen wir in der Lage sein, die Noten jeder Tonleiter oder Tonart zu spielen, egal wo wir uns am Griffbrett befinden. Das ist es, was dieses Buch dich lehren wird. Nicht nur für die Blues-Skala, sondern auch für den äolischen, mixolydischen und lydischen Modus, da dies die am häufigsten verwendeten Skalen in der Rockgitarre sind.

Das CAGED-System ist die Antwort auf die oben genannten Fragen. Es ist ganz einfach eine Methode, mit der Gitarristen alle unsere Skalen und Licks an eine bestimmte Akkordform „hängen". Wenn wir einen sofort erkennbaren Akkord haben, können wir damit das gesamte melodische und skalare Vokabular, das wir in einer bestimmten Tonart oder Position kennen, visualisieren und auslösen. Es ist eine ausgezeichnete und einfache Möglichkeit, unsere musikalischen Gedanken zu organisieren.

Es gibt zwar einige äußerst nützliche und schnell-funktionierende Übungen, um deine Vision auf der Gitarre zu verbessern, aber dies ist nicht nur ein Buch über das Ausführen von Skalen in verschiedenen Tonarten. Jeder abgedeckte Modus enthält 25 einzigartige Licks (5 für jede Skalenform) und lehrt dich, sie nach Belieben zu verwenden. Du wirst nicht nur deine spontane melodische Improvisation beim Solo spielen dramatisch steigern, sondern auch ein breites Spektrum an nützlichem Rockgitarrenvokabular haben, so dass du nie in Verlegenheit geraten wirst, wenn es darum geht, etwas zu spielen.

Ob du nun das Griffbrett freischalten und die Kontrolle darüber haben willst, was und wo du spielst, oder ob du nur nach 100 großartigen Gitarrenlicks suchst, dieses Buch wird dir die Werkzeuge in die Hand geben, die du brauchst, um heute damit zu beginnen, großartige Sounds zu erzeugen.

Hol dir das Audio

Die Audiodateien zu diesem Buch stehen unter www.fundamental-changes.com zum kostenlosen Download zur Verfügung. Der Link befindet sich oben rechts in der Ecke. Wähle einfach diesen Buchtitel aus dem Dropdown-Menü aus und folge den Anweisungen, um das Audio zu erhalten.

Wir empfehlen dir, die Dateien direkt auf deinen Computer herunterzuladen, nicht auf dein Tablett, und sie dort zu extrahieren, bevor du sie zu deiner Medienbibliothek hinzufügst. Du kannst sie dann auf dein Tablett, deinen iPod legen oder auf CD brennen. Auf der Download-Seite gibt es ein Hilfe-PDF und wir bieten auch technischen Support über das Kontaktformular.

Für über 350 kostenlose Lektionen mit Videos gehe zu:

www.fundamental-changes.com

Über 10.000 Fans auf Facebook: **FundamentalChangesInGuitar**

Instagram: **FundamentalChanges**

Was ist das CAGED-System?

Ich wurde etwa 2001 am Londoner Guitar Institute zum ersten Mal mit dem CAGED-System vertraut gemacht. Von diesem Moment an revolutionierte die einfache Struktur und die geradlinige Aufteilung des Griffbretts in offensichtliche und einprägsame Formen meinen gesamten Ansatz des Gitarrenspiels.

Die Gitarre ist in ihrem Layout ziemlich ungewöhnlich; sie ist nicht linear in der Art und Weise, wie ein Keyboard das ist. Auf der Gitarre können wir genau die gleiche Tonhöhe an mehreren Stellen spielen, indem wir entweder das Griffbrett *nach oben* oder über das Griffbrett gehen, während es auf dem Keyboard nur eine Möglichkeit gibt, jede einzelne Tonhöhe zu spielen.

Aus diesem Grund stehen wir vor einer Reihe von Herausforderungen, von denen eine darin besteht, *wo* wir eine bestimmte Note spielen werden, und eine andere darin, *wie* wir unsere Skalen in verschiedenen Positionen visualisieren.

Das CAGED-System ist eine extrem leistungsfähige Möglichkeit, unser Denken beim Gitarre spielen zu organisieren. Es ist eine sofortige und genaue Möglichkeit, jede Skalenposition um eine bestimmte Akkordform herum zu visualisieren, und indem wir alles auf diese Weise sehen, haben wir einen sofortigen Bezugspunkt, an den wir unsere Licks „befestigen" können.

Das CAGED System zerlegt das Griffbrett in 5 Einzelteile und weist jedem eine Akkordform zu. Die 5 Akkordformen basieren immer auf den offenen Akkorden von C, A, G, E und D. Wenn wir einen Dur-Modus spielen, werden wir Dur-Akkorde visualisieren und wenn wir Moll-Modi spielen, werden wir Moll-Akkorde visualisieren, d.h. c-Moll, a-Moll, g-Moll, e-Moll und d-Moll.

So solltest du beispielsweise den offenen e-Moll-Akkord bereits wie folgt erkennen:

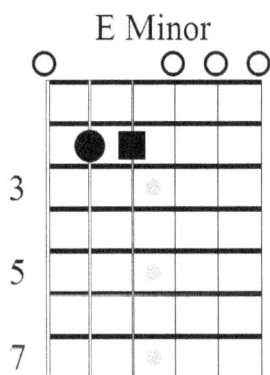

E Minor

Wir können diesen Akkord als Barréform auf folgende Weise spielen (in diesem Fall in der Tonart Am):

A Minor Shape 1

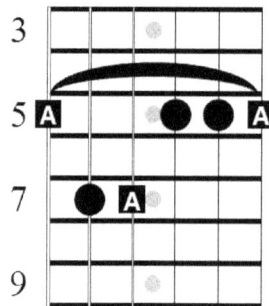

Da dieser Barréakkord beweglich ist, haben wir einen konsistenten Anker geschaffen, um den wir eine Skalenform lernen und visualisieren können. Betrachte zum Beispiel die folgende Skalenform von A-Äolisch:

A Aeolian Shape 1

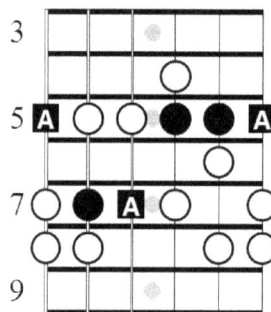

Man sieht, dass die Noten der äolischen Tonleiter (die weißen Punkte) um die „e-Moll"-Barréform (die schwarzen Punkte) herum aufgebaut sind.

Das obige Diagramm zeigt die Skala von A-Äolisch, da der Barréakkord auf dem 5. Bund auf der Note ‚A' platziert wurde. Indem wir jede Skalenform um eine einzigartige Akkordstimme herum lernen, wenn es darum geht, in einer neuen Tonart oder in einem unbekannten Bereich des Griffbretts zu spielen, visualisieren wir einfach die Akkordform, die wir brauchen, und wir können sofort die Skalenform sehen, die um sie herum aufgebaut ist.

Es dauert eine Weile, bis man eine beliebige Skala auf diese Weise visualisieren kann, so dass die meisten Übungen in diesem Buch so konzipiert sind, dass sie einem beibringen, genau das zu tun.

Wie ich bereits erwähnt habe, gibt es 5 bewegliche Akkordformen, die wir kennen müssen. Die erste Skala, die wir studieren werden, ist die Blues-Skala. Dies ist eine *Molltonleiter*, also lernen wir die 5 beweglichen Mollakkordformen in der Tonart A.

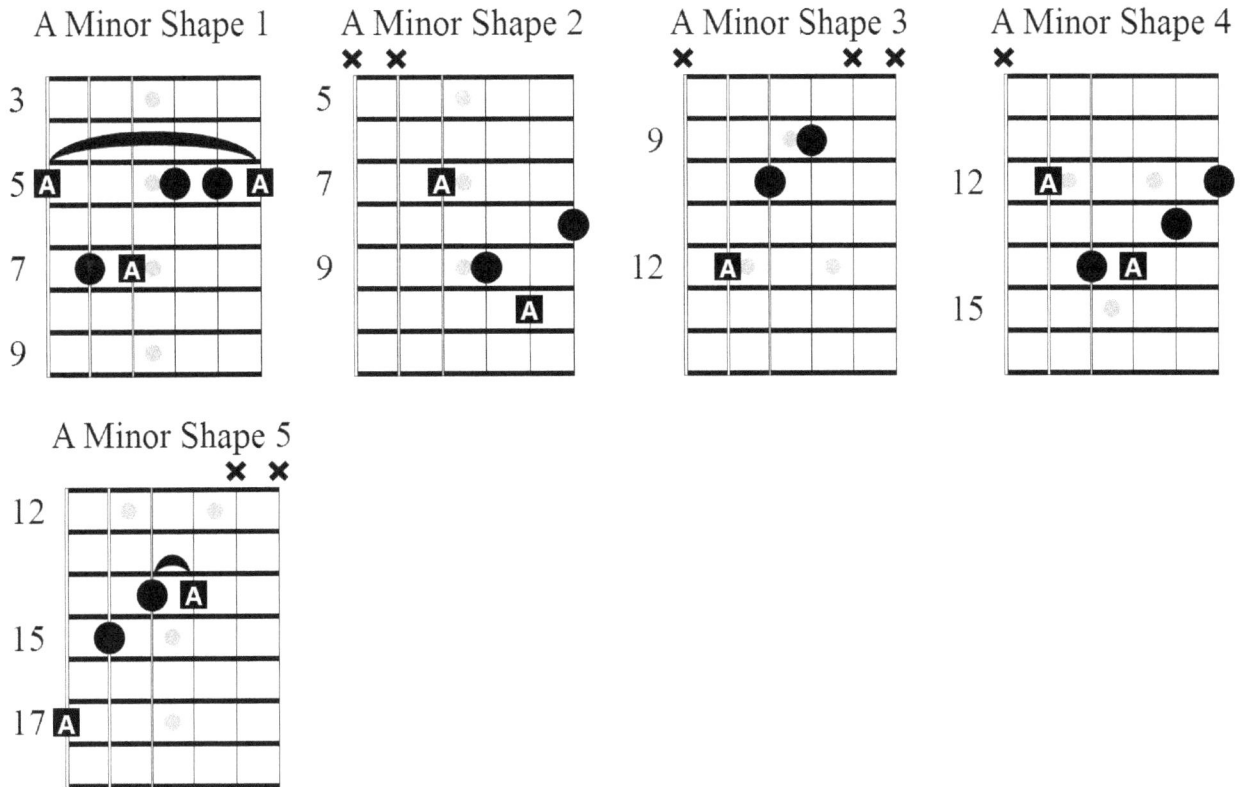

A Minor Shape 1   A Minor Shape 2   A Minor Shape 3   A Minor Shape 4

A Minor Shape 5

Wie du sehen kannst, habe ich aufgehört, diese Formen „C-Form" oder „A-Form" zu nennen, etc. Sie werden einfach als Formen 1 bis 5 bezeichnet. Falle es dich interessiert, obwohl es nicht mehr wirklich wichtig ist,

Form 1 ist die E-Form.

Form 2 ist die D-Form.

Form 3 ist die C-Form.

Form 4 ist die A-Form.

Form 5 ist die G-Form.

Während diese Akkorde geschrieben werden, ist jede Form ein anderes Voicing des *gleichen* a-Moll-Akkords. Beachte, wie sie alle in einem anderen Bereich des Griffbretts gespielt werden.

Form 1 wird im Bereich des 5. bis 8. Bund gespielt (Grundton auf der 6. Saite).

Form 2 wird im Bereich des 7. bis 10. Bund gespielt (Grundton auf 4. Saite).

Form 3 wird im Bereich des 9. bis 12. Bund gespielt (Grundton auf der 5. Saite).

Form 4 wird im Bereich 12. bis 15. Bund gespielt (Grundton auf 5. Saite) und

Form 5 wird im Bereich 14. bis 17. oder 2. bis 5. Bund gespielt (Grundton auf 6. Saite).

Es ist sehr wichtig, dass du verstehst, dass dies alles derselbe a-Moll-Akkord ist, der nur an verschiedenen Stellen am Griffbrett gespielt wird.

Du musst einige Zeit damit verbringen, dir diese Akkordformen zu merken. Lerne und spiele durch *Beispiel 1a*:

Beispiel 1a:

Übe, dich mit einem Metronom, das auf 60 Beats pro Minute (bpm) eingestellt ist, sauber zwischen den Formen zu bewegen. Dies wird dir helfen, die Akkordformen am Griffbrett zu visualisieren. Wenn du dich damit sicher fühlst, versuche *Beispiel 1b*:

Beispiel 1b:

Wenn du auf diese Weise Akkorde „überspringst", wirst du lernen, die Formen viel klarer zu sehen.

Wenn du beginnst, Vertrauen mit diesen Formen zu entwickeln, ist es an der Zeit, weiterzumachen und zu lernen, eine Skalenform an jeden Akkord zu „befestigen".

Die am häufigsten verwendete Tonleiter in der Rockgitarre ist die Moll-Pentatonik / Blues-Skala. Da ich die Moll-Pentatonik in **CAGED-System und 100 Licks für Bluesgitarre** abgedeckt habe, beginnen wir mit der Blues-Skala.

Wie in der Einleitung erwähnt, stecken die meisten Gitarristen fest, weil sie ausschließlich auf die Version der

1. Position (Form 1) der Blues-Skala in A angewiesen sind:

A Blues Scale Shape 1

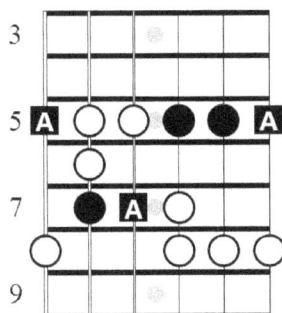

(Beachte, wie die Skala um die Form 1 des Mollakkords herum aufgebaut ist.)

Die schwarzen Punkte sind die Akkordtöne.

Die weißen Punkte sind die Skalentöne.

Die quadratischen Punkte sind die Grundtöne der Form.

Die gleiche a-Moll-Blues-Skala kann jedoch um jede der 5 Akkordformen herum gespielt werden, die wir zuvor untersucht haben.

Hier sind die 5 Formen der CAGED-Mollakkorde neben den jeweiligen Skalenformen. Du solltest problemlos sehen, wie jede Skalenform um jeden Ankerakkord herum aufgebaut ist:

A Minor Shape 1 | A Blues Scale Shape 1

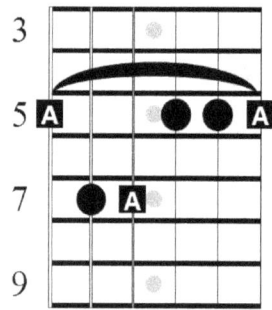

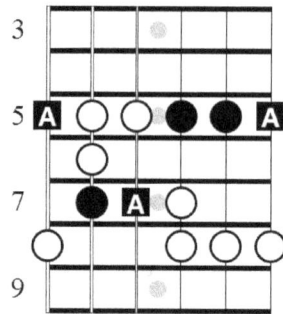

A Minor Shape 2 | A Blues Scale Shape 2

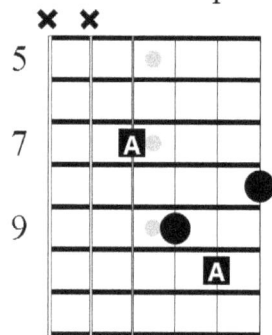

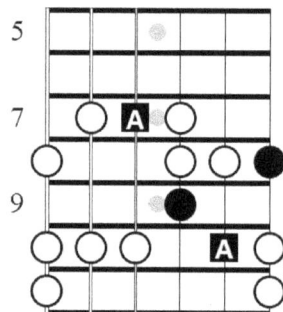

A Minor Shape 3 | A Blues Scale Shape 3

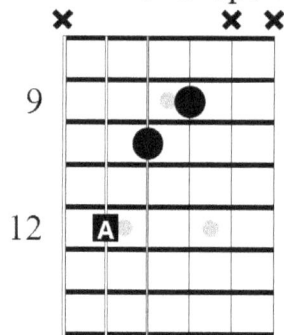

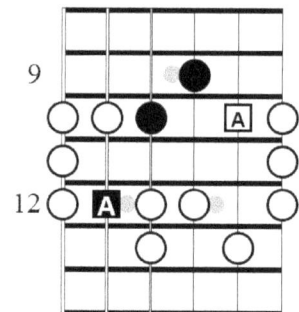

A Minor Shape 4

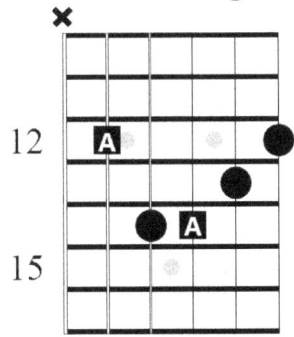

A Blues Scale Shape 4

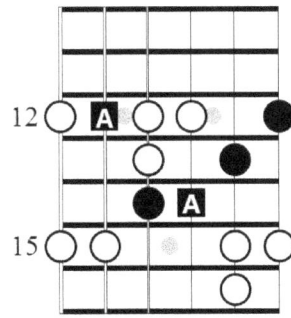

A Minor Shape 5

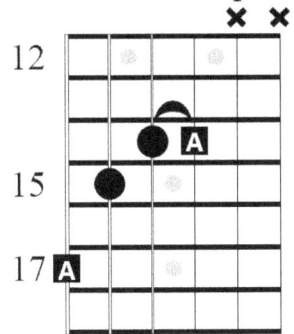

A Blues Scale Shape 5

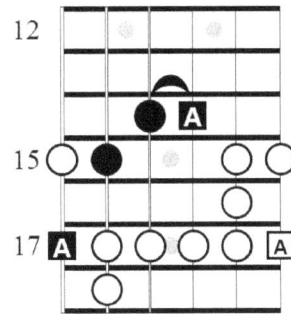

Das CAGED-System mit der Blues-Skala

Beginnen wir damit, den Akkord zu zementieren, um Beziehungen in jeder Position der Blues-Skala in A zu skalieren. Beginnend mit Form 1, die du vielleicht schon kennst, höre dir die folgende Übung an und spiele sie dann selbst. Wenn du den Akkord a-Moll spielst, sag laut „A-Moll-Pentatonik". Dies ist ein sehr wichtiger Schritt, um den Akkord und die Tonleiter in deinem Kopf miteinander zu verbinden.

Beispiel 3a:

Form 1

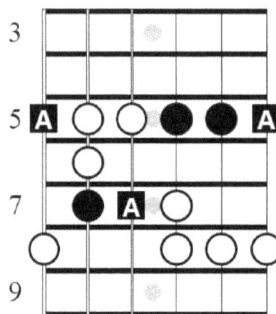

A Blues Scale Shape 1

Spiele und sage den Akkord/Tonleiter-Namen, dann spiele die Skala durch, und schließlich spiele und sage den Akkord erneut. Dies verbindet die visuellen Zeichen des Akkords stark mit der Form der Skala, die du spielst.

Wiederhole diesen Vorgang nun mit den anderen 4 Akkordformen und den dazugehörigen Skalen:

Beispiel 3b:

Form 2

A Blues Scale Shape 2

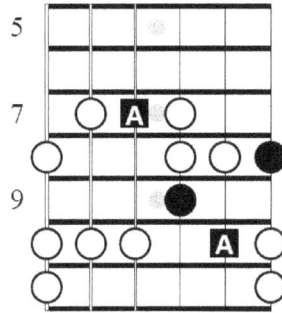

Beispiel 3c:

Form 3

A Blues Scale Shape 3

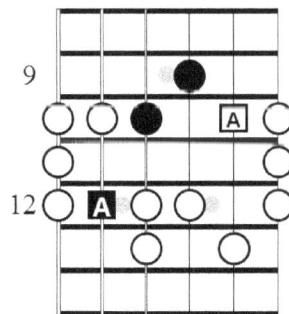

Beispiel 3d:

Form 4

A Blues Scale Shape 4

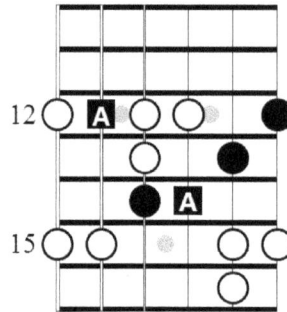

Beispiel 3e:

Form 5

A Blues Scale Shape 5

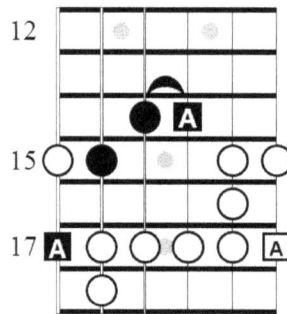

Wenn du diese Formen durchspielst, ist es wichtig zu erkennen, dass du nicht unbedingt mit dem *Grundton* (A) jeder Tonleiter beginnst, sondern einfach mit der *tiefsten* Note in jeder Position.

Das Erlernen dieser 5 Skalenformen um die entsprechenden Akkorde herum ist einer der wichtigsten Schritte in diesem Buch. Die Zeit, die du hier verbringst, wird sich in den kommenden Jahren sehr auszahlen, also arbeite hart daran, es richtig zu machen. Du solltest Zeit mit jeder Skalenform einzeln verbringen, indem du vielleicht jede einzelne über einen a-Moll-Backing Track spielst (versuche Backing Track 9), um dich an die Griffe zu gewöhnen, etc. So oder so, wir werden diese Skalen sehr bald kreativ einsetzen.

Bevor wir uns schließlich mit dem Vokabular für diese 5 Formen befassen, ist es äußerst nützlich zu erfahren, wie sich die einzelnen CAGED-Formen entlang des Griffbretts miteinander verbinden. Lerne diese aufsteigende Übung, um zu sehen, wie die Formen wie ein Puzzle am Griffbrett zusammenpassen.

Beispiel 3f:

Gehe langsam vor! Es gibt ein paar knifflige Fingersätze, wenn du zwischen den Positionen hin- und her rutschst.

Um das gesamte Konzepts des CAGED-Systems zusammenzufassen:

Wir teilen das Gitarrengriffbrett in 5 verschiedene Bereiche auf, die auf offenen Akkordformen basieren.

Wir merken uns jede Skalenposition um jede dieser Akkordformen herum.

Durch die Visualisierung einer Akkordform auf dem Griffbrett können wir die Skala präzise spielen.

Durch die Bewegung der Akkordformen können wir in jeder beliebigen Tonart und in jeder beliebigen Position spielen. (Es gibt noch *viel* mehr zu diesem Konzept!)

Im Moment konzentrieren wir uns auf die Entwicklung nützlicher Vokabeln oder *Licks* mit jeder der 5 Skalenformen, die du in diesem Kapitel gelernt hast.

Blues-Skala Rockgitarren-Licks in 5 Positionen

Wir haben ein Bewusstsein für die 5 Positionen der a-Moll-Blues-Skala entwickelt, aber es gibt viel mehr in der Musik, als nur Skalen zu spielen. Wir müssen unsere Sprache so lernen, wie wir gelernt haben, als Baby zu sprechen, und der beste Weg, dies zu tun, ist einfach die Worte derer zu kopieren, die es uns vorgemacht haben.

Die folgenden Seiten enthalten 25 Rockgitarren-Licks der Blues-Skala: 5 Licks für jede Position. Jeder Lick wurde individuell für dieses Buch geschrieben und wird von einem Audiobeispiel begleitet.

Die verschiedenen Positionen einer Skala bieten uns einzigartige Griffe, Muster und Formen, mit denen wir subtil unterschiedliche Musik mit der gleichen Tonfolge machen können. Ich habe versucht, jede Linie so zu schreiben, dass die stärksten und nützlichsten Merkmale der jeweiligen Skalenposition hervorgehoben werden.

Um diese Linien zu erlernen, spiele sie zunächst langsam durch, um ein Gefühl dafür zu bekommen, wie sie in Bezug auf die Skalenform stehen. Wenn sich etwas unnötig schwierig oder unnatürlich anfühlt, ändere es! Vielleicht möchtest du sogar damit beginnen, dir die Audiobeispiele anzuhören und zunächst deine bevorzugte Klanglinie in einer beliebigen Form auszuwählen.

Sobald du dich bequem durch den Lick spielen kannst, fang an, ihn mit einem Metronom oder einer Drum-Maschine zu beschleunigen, bis du ihn zusammen mit dem *Backing Track 9 oder 12* spielen kannst.

Anstatt 5 Licks in einer Form zu lernen, fange an, einen Lick von jeder Form zu lernen und übe, jeden Lick wiederum über die Backing Tracks zu spielen. Wenn du dir *vorstellst*, wie jeder Lick *im Verhältnis* zum Ankerakkord liegt, kannst du dies viel schneller tun.

Spiele zuerst den Ankerakkord und starte *dann* den Lick, um deine Vision auf der Gitarre zu entwickeln. Später, wenn du diese Ideen in verschiedenen Tonarten spielst, wird die Möglichkeit, deine Licks um einen bestimmten Akkord am Griffbrett zu sehen, deine Vision und deinen Sprachfluss stark unterstützen.

Wie auch immer du dich entscheidest, diese Licks zu lernen, erkenne, dass es oft ein „Konzept" dahintersteckt, wie ich jede Linie baue. Es kann ein Muster, ein Intervallsprung, ein Rhythmus oder eine Form in der Skala sein, aber wenn man das Konzept *hören* oder *sehen* kann, ist man der Fähigkeit zu improvisieren viel näher, ohne sich auf Licks verlassen zu müssen. Ich glaube, das sollte eines unserer langfristigen Ziele sein, wenn wir wirklich spontan und ausdrucksstark auf unserem Instrument sein wollen.

Blues-Skala Licks Form 1

A Blues Scale Shape 1

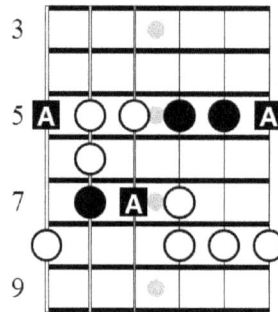

Beispiel 4a:

Beispiel 4b:

Beispiel 4c:

Beispiel 4d:

Beispiel 4e:

Blues-Skala Licks Form 2

A Blues Scale Shape 2

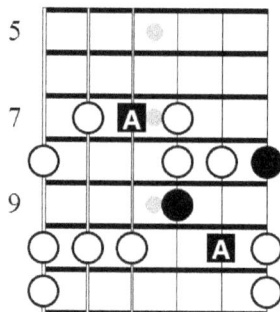

Beispiel 5a:

Beispiel 5b:

Beispiel 5c:

Beispiel 5d:

Beispiel 5e:

Blues-Skala Licks Form 3

A Blues Scale Shape 3

Beispiel 6a:

Beispiel 6b:

Beispiel 6c:

Beispiel 6d:

Beispiel 6e:

Blues-Skala Licks Form 4

A Blues Scale Shape 4

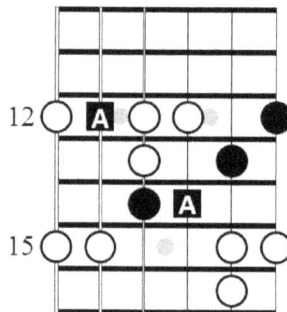

Beispiel 7a:

Beispiel 7b:

Beispiel 7c:

Beispiel 7d:

Beispiel 7e:

Blues-Skala Licks Form 5

A Blues Scale Shape 5

Beispiel 8a:

Beispiel 8b:

Beispiel 8c:

Beispiel 8d:

Beispiel 8e:

Licks natürlich in dein Spiel integrieren

Jetzt hast du begonnen, die Stärken und Vorteile jeder der 5 Positionen der Blues-Skala zu erforschen, du fragst dich vielleicht, wie du diese Licks am besten in dein Spiel integrieren kannst, ohne dass sie gezwungen oder konstruiert klingen.

Die Studenten fragen oft, ob ein Solo aus rezitierten Licks oder einfach nur spontaner Improvisation bestehen soll. Meine Antwort ist, dass ich glaube, dass die meisten guten Soli eine Kombination aus beidem sind. Wenn wir zur Analogie des Sprechen Lernens zurückkehren, haben wir unseren Eltern und Menschen um uns herum das Vokabular „gestohlen", bevor wir es zu unserem eigenen machten. Das Erlernen der Sprache der Musik ist ähnlich, und es ist ein wichtiger Schritt, andere zu kopieren, bevor man dieses Vokabular in etwas Einzigartiges für uns verwandelt.

Tatsächlich wirst du dies als den *schnellsten* Weg empfinden, um das Spielen zu lernen und dich auf der Gitarre zu verbessern.... Es hat keinen Sinn, das Rad noch einmal neu zu erfinden!

Die folgende Übung lehrt dich, jede gewünschte Linie in deinen natürlichen Spielstil zu integrieren. Mit dem *Backing Track 9* werden wir uns auf nur einen Lick konzentrieren, das Teil unseres eigenen Vokabulars wird und gleichzeitig an unseren spontanen Improvisationsfähigkeiten arbeitet.

Betrachte die folgende Linie aus der A-Blues-Skala Form 1:

Beispiel 9a:

Die Idee ist, den Lick zu benutzen, um unsere eigene, einzigartige Antwortphrase „einzurichten". Mit anderen Worten, betrachte den Lick als eine *Frage*, auf die du eine *Antwort* geben wirst. Tausende von großartigen Gitarrensoli sind in einem Frage-Antwort-Format strukturiert, da es der Musik melodische Kraft verleiht und den Zuhörer beschäftigt und erwartungsvoll lässt.

Beginne, indem du den Lick spielst, wie er über die ersten 2 Takte geschrieben wurde. Dann spiel, was auch immer in deinen Kopf kommt, um eine Art Antwortphrase zu bilden. Dies kann anfangs eine herausfordernde Aufgabe sein, die uns verunsichern kann, aber vertraue deinen Ohren und halte dich an die einfachen Blues-Skala Ideen und die Antworten werden von alleine kommen.

Wenn du mit der vorherigen Übung Vertrauen entwickelst, versuche, die Idee umzukehren. Anstatt den Lick als *Frage zu* verwenden, benutze ihn als *Antwort*. Deine Aufgabe ist es nun, den Lick mit deiner eigenen Improvisation in den ersten 2 Takten zu beginnen. Dies wird unten gezeigt:

Beispiel 9b:

Dies ist etwas kniffliger, weil du keine erste Phrase hast, auf die du „aufspringen" kannst, aber es ist eine fantastische Übung, die melodische Kraft deiner improvisierten Linien zu entwickeln. Du bist gezwungen, die Kontrolle darüber zu haben, wo du die Melodie hinnimmst, um auf eine gegebene Antwort vorbereitet zu sein. Stell dir vor, du bist ein improvisierender Komiker mit ein oder zwei festen Witzen in deinem Set. Du musst das Publikum natürlich zum Beginn jedes Witzes führen.

Schließlich können wir die beiden oben genannten Ansätze in der folgenden Übung kombinieren, wo du in den Lick hineinführst *und* aus ihm herausführst:

Beispiel 9c:

Dies ist *die* Übung, um deinen Licks wirklich zu helfen, natürlich und unkonventionell zu klingen. Du zielst auf einen extrem reibungslosen Übergang zwischen deiner eigenen anfänglichen Improvisation, den Licks und der Antwortphrase. Wenn du wirklich dein Rockgitarren-Solo entwickeln willst, wird dir diese Übung einige der größten Vorteile bringen.

5 tonale Zentren in einer Position mit der Blues-Skala

Rockgitarrensoli wechseln oft plötzlich die Tonart. Durch die Verwendung des CAGED-Systems können wir extrem sanfte Tonartänderungen (Modulationen) durchführen, ohne gezwungen zu sein, von einer Position zur anderen zu springen. Dies ist auch das, was du lernen musst, um das freiheitliche Spiel leicht in jeder Tonart und jeder Position am Griffbrett zu entwickeln. Diese Konzepte sind einige der wichtigsten im ganzen Buch.

In diesem Kapitel erfährst du, wie du alle 5 Blues-Skala-Formen in einer Position am Griffbrett spielen kannst. Dies wird durch das Spielen durch 5 verschiedene tonale Zentren erreicht: A, C, D, F und G. Das Konzept besteht darin, unsere Hand zwischen dem 5. - 8. Bund der Gitarre „einzurasten", während wir jedes neue tonale Zentrum abwechselnd spielen.

Das erste, was wir wissen müssen, ist, wo sich die Grundtöne für jede der 5 Tonarten in dieser Position befinden. Im 5. - 8. Bund der Gitarre befinden sich hier die Grundtöne der Tonarten A, C, D, F und G:

ACDFG Root Notes

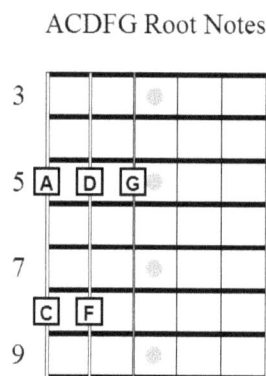

Du kannst sehen, dass sich die Note F auf der 5. Saite, dem 8. Bund und G auf der 4. Saite, dem 5. Bund, befindet.

Der nächste Schritt ist die Synchronisation der Ankerakkord (oder einfach nur der Grundtöne), die du zuvor gelernt hast, mit jedem Grundton der neuen Tonart an der von uns gewählten Position. Also in der 5. bis 8. Bundposition:

A-Moll wird mit Form 1 gespielt.

C-Moll wird mit Form 5 gespielt.

D-Moll wird mit Form 4 gespielt.

F-Moll wird mit Form 3 gespielt.

Und g-Moll wird mit Form 2 gespielt.

A Minor Shape 1   C Minor Shape 5   D Minor Shape 4   F Minor Shape 3

G Minor Shape 2

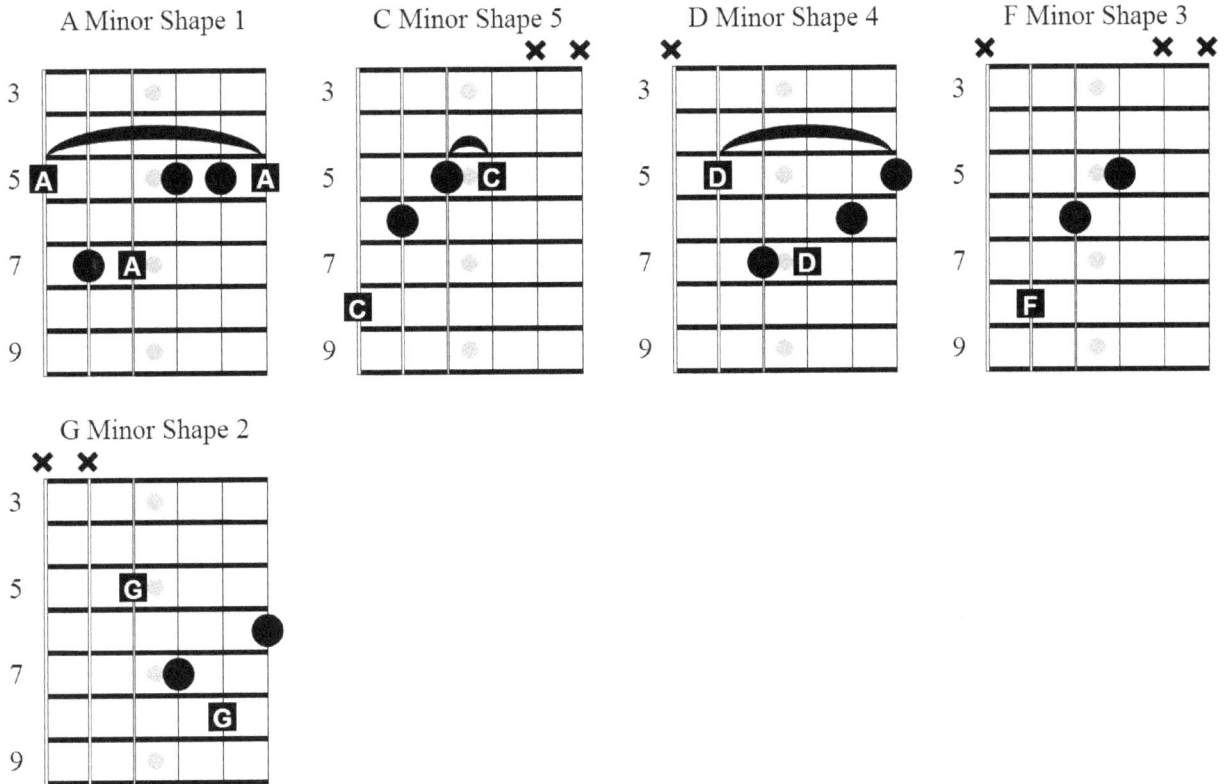

Schau dir an, wie die Grundtöne der einzelnen Akkorde mit den Positionen der Grundtöne im ersten Diagramm auf dieser Seite korrelieren.

Da wir uns die Zeit genommen haben, uns jede Skalenform um jede Akkordform herum zu merken, ist es leicht zu erkennen, welche Skalenform mit jeder Tonart in jeder Position übereinstimmt.

Die folgende Übungsreihe hilft, nicht nur die Lage der tonalen Zentren, sondern auch deine Akkord-Skalenbeziehungen zu festigen.

Diese Übungen durchlaufen die tonale Zentren A, C, D, F und G.

Beginne mit dem Durchspielen der A-Blues-Skala, beginnend mit dem gleichen Akkord wie zuvor:

Beispiel 10a:

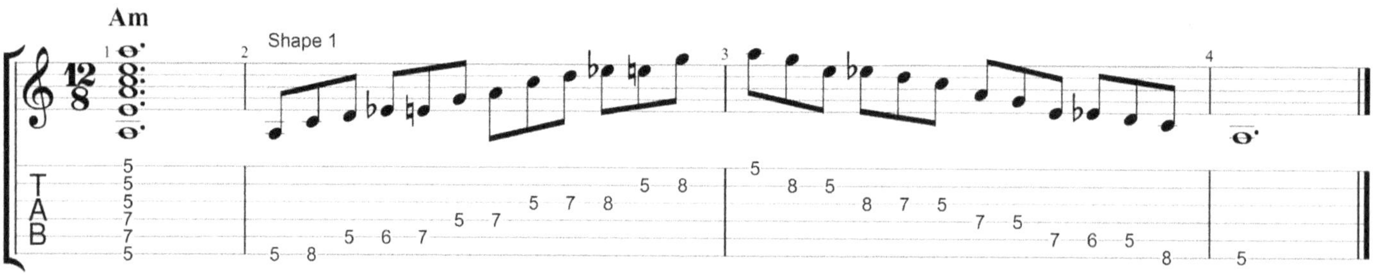

Denke daran, den Akkord jedes Mal zu spielen und zu *sagen*.

Wiederhole nun den Vorgang für die restlichen Tonarten C, D, F und G. Gelegentlich greife ich eine Skala neu, um sie leichter und flüssiger zu machen. Spiele so, wie es sich für dich angenehm anfühlt.

Beispiel 10b:

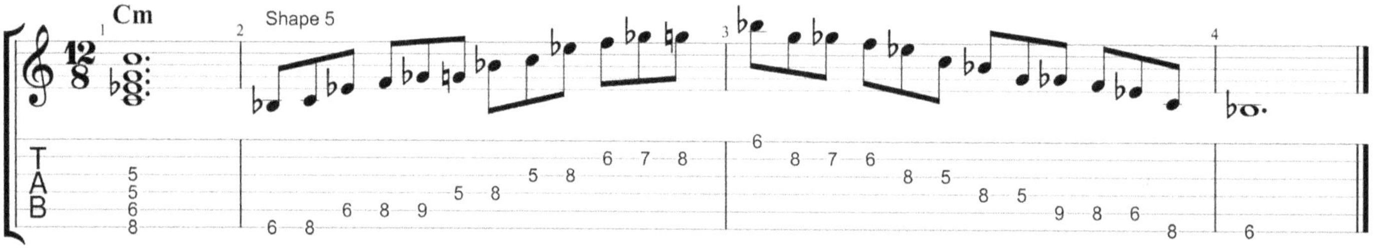

Beispiel 10c:

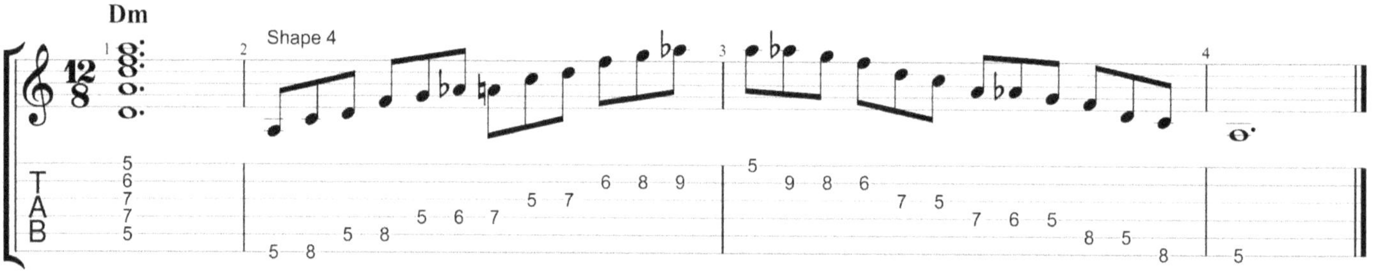

Beispiel 10d:

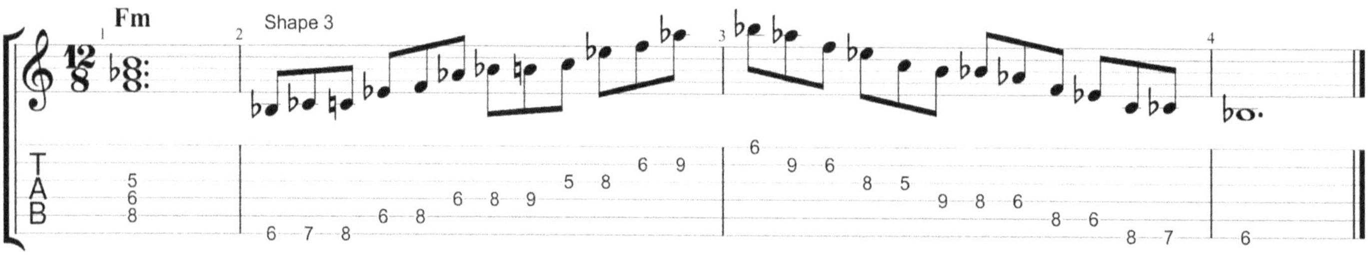

Beispiel 10e:

Denke daran, jeden Akkord laut auszusprechen, während du ihn spielst.

Die vorherigen Übungen werden dir helfen, die Akkord-Skalenbeziehungen zu verinnerlichen, aber die nächste Übung wird wirklich anfangen, dich mental zu beeinflussen. Die Idee ist, jede Skala nacheinander auf- und abzusteigen, aber ohne rhythmische Lücken. Dies eliminiert deine „Denkzeit" und zwingt dich, jede Skala viel schneller zu visualisieren.

Beispiel 10f:

Diese Übung braucht normalerweise etwas mehr Zeit, um sich zu verinnerlichen, aber wenn man sie beherrscht, kann man sofort in jeder der 5 Tonarten im Bereich des 5. bis 8. Bundes der Gitarre spielen.

Um die Formen weiter zu verstärken und um dir zu helfen, diese Visualisierungsübung zu erweitern, lerne sie mit den Skalenformen, *die absteigend* dargestellt sind, wie in

Beispiel 10g:

Steige schließlich eine Form auf und dann die nächste ab. Zum Beispiel gehe die A-Blues-Skala *hoch*, aber komme wieder *runter von* der C-Blues-Skala. Es dauert 10 Zyklen, um zum Anfang zurückzukehren, wie in der nächsten Übung gezeigt.

Beispiel 10h:

Shape 3
Fm
Shape 2
Gm

Diese Tonartänderungen-Ideen sind äußerst kraftvoll, wenn es um die Visualisierung und Entriegelung des Griffbretts geht, aber sie sind nicht unbedingt die musikalischste Anwendung des Konzepts. Unsere letzte Übung führt durch die 5 tonalen Zentren, aber diesmal spielst du, anstatt die entsprechende Skala zu spielen, einen Lick, der auf jeder Skalenform basiert: einen für A, einen für C, einen für D, etc.

Beginne damit, diese Übung mit den Licks zu lernen, die ich geschrieben habe, da sie kürzer sind und dir Zeit lassen, über die wichtigsten Änderungen nachzudenken. Wenn du sie bequem durchspielen kannst, übe sie über *Backing Track 1*.

Beispiel 10i:

Shape 1
Am

(Shape 5)
Cm

Ich schlage vor, dass du dann die gleiche Übung mit verschiedenen Linien ausprobierst. Wähle einen neuen Lick, den du dir bereits aus jeder Form gemerkt hast und den du leicht zu spielen findest. Wiederhole die vorherige Übung mit diesen neuen Licks und visualisiere sie um jeden Ankerakkord herum, während du sie spielst.

Versuche schließlich, *frei* über den gleiche Backing Track *zu improvisieren*, spontan Licks zu erzeugen und die Skala mit dem Backing Track alle 2 Takte zu ändern. Dies ist eine lustige, herausfordernde und lohnende Nutzung deiner Übungszeit.

Entriegeln des gesamten Griffbretts

Die Übungen im vorherigen Kapitel sind für die meisten Menschen sehr anspruchsvoll, aber du solltest jetzt beginnen, jede Blues-Skala um ihre zugehörige Akkordform herum deutlich zu sehen. Diese Akkordvisualisierung ist unerlässlich, um das Griffbrett zu entriegeln, wie du in diesem Kapitel sehen wirst.

Bisher haben wir uns ausschließlich auf das Spielen durch 5 tonale Zentren im 5. bis 8. Bund der Gitarre konzentriert. Wir werden nun lernen, wie man die gleichen tonalen Zentren überall am Griffbrett durchspielt.

Für den Zweck dieses Buches werden wir das Griffbrett in 5 verschiedene Regionen unterteilen.

Der 5. bis 8. Bund,

Der 7. bis 10. Bund,

Der 10. bis 13. Bund,

Der 12. bis 15. Bund, und

Der 3. bis 5. (oder 15. bis 17.) Bund.

Wenn wir uns darüber im Klaren sind, wo sich die Grundtöne der 5 tonalen Zentren (A, C, D, F und G) in jeder dieser Positionen befinden, ist es einfach, den Ankerakkord an der richtigen Stelle zu visualisieren und direkten Zugriff auf die Skalenform zu haben.

Hier sind zum Beispiel die Grundtonpositionen für die 5. bis 8. Bünde:

7th-10th Fret Roots

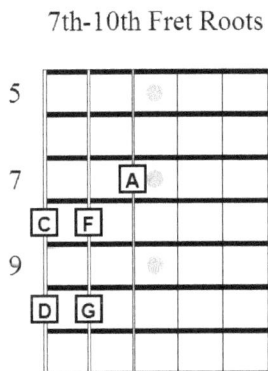

Wenn sich deine Griffhand im Bereich des 7. bis 10. Bundes befand und du in der Tonart F warst, würdest du den Mollakkord der Form 4 auf der Note ‚F' (8. Bund, 5. Saite) visualisieren und dann sofort die um den Akkord herum aufgebaute Blues-Skala sehen, wie du es im vorherigen Kapitel praktiziert hast.

F Minor Shape 4

F Blues Shape 4

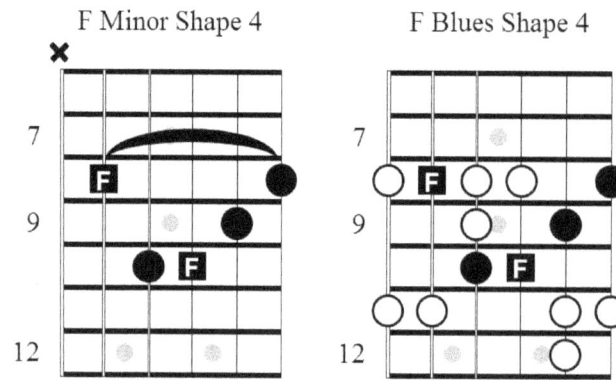

Wenn du in dieser Position in der Tonart A spielen würdest, würdest du den Akkord der Form 2 visualisieren.

Welche Formen würdest du dir für die Tonarten von D und G im Bereich des 7. bis 10. Bundes vorstellen?

Durch die Verwendung von Ankerakkorden auf diese Weise haben wir sofortigen Zugriff auf die Skalen und Licks, die wir uns um die CAGED-Akkordformen herum eingeprägt hast. Solange wir wissen, wo sich die Grundtöne unserer tonalen Zentren am Griffbrett befinden, können wir unsere Linien leicht in jeder Tonart spielen.

Zu deiner Information: Hier sind die Grundtonpositionen an jeder Position für die tonalen Zentren A, C, D, D, F und G.

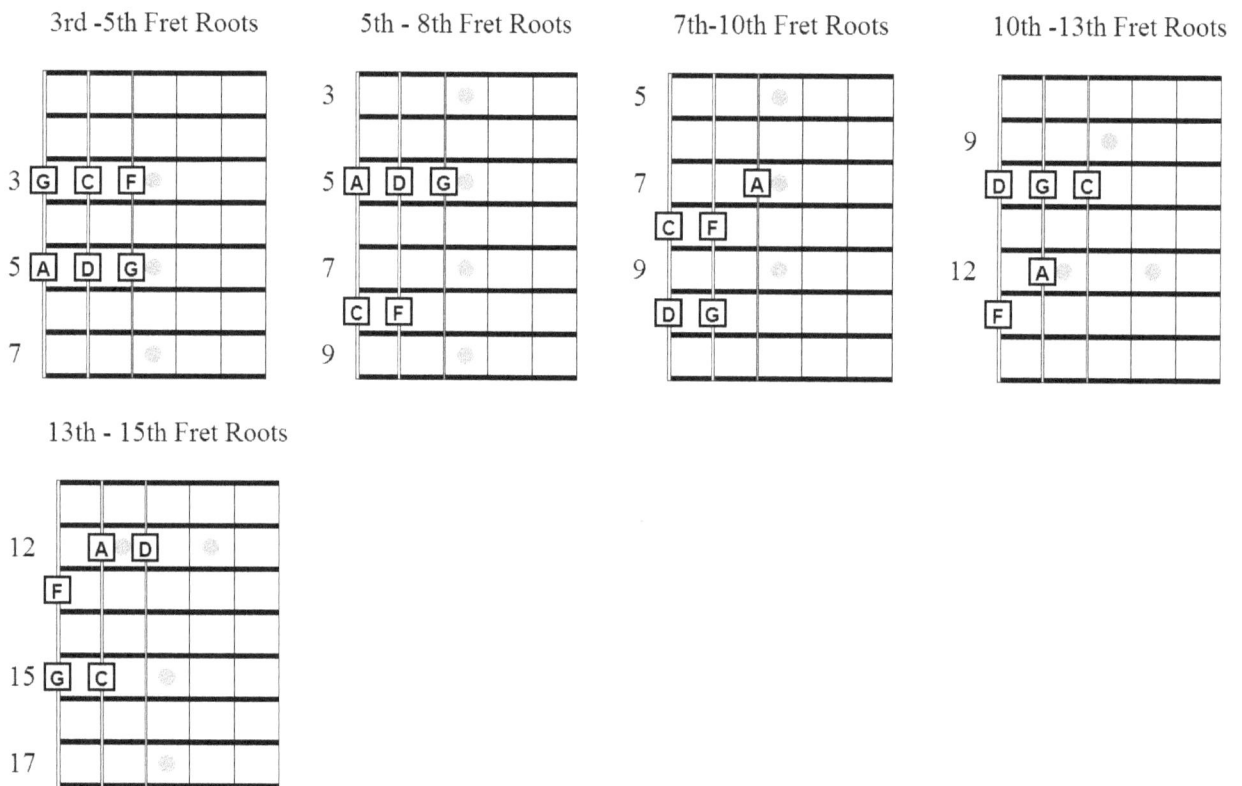

3rd -5th Fret Roots

5th - 8th Fret Roots

7th-10th Fret Roots

10th -13th Fret Roots

13th - 15th Fret Roots

Teste dich selbst:

Wenn du im 12. bis 15. Bund der Gitarre spielst und du in der Tonart C bist, welche Akkordform würdest du dir vorstellen, um deine Blues-Skala und die dazugehörigen Licks zu bauen?

Wie würdest du im 3. bis 5. Bund der Gitarre die Noten der F-Blues-Skala finden?

Um welche Akkordform würdest du deine Skala bauen, um die Tonart C am 10. Bund zu spielen?

Wenn du einen Lick basierend auf Form 3 am 10. Bund gespielt hast, in welcher Tonart würdest du dann spielen?

(Die Antworten sind in der Fußnote)[1]

In diesem Stadium mag die Menge an Informationen hier erschreckend erscheinen, aber das ist es wirklich nicht. Alles, was du tun musst, ist zu lernen, wo sich die Grundtöne am Griffbrett befinden, und du kannst sofort eine Akkordform überlagern und hast Zugriff auf die Skalen und Licks, die du im vorherigen Kapitel gelernt hast.

Versuche, die ACDFG-Übung auf der 7. bis 10. Position durchzuspielen, um diese Informationen zu festigen. Als ich das erfuhr, kämpfte ich immer mit dem Ton, der auf der vierten Saite basiert (Form 2). Es ermutigte mich, die Noten am Griffbrett *viel* gründlicher zu lernen. Jetzt ist es eine meiner Lieblingsformen, mit der ich solo spielen kann.

Hier ist die ACDFG-Übung, die im 7. bis 10. Bund geschrieben wurde.

Beispiel 11a:

---

[1] 1) 3. 2) Visualisiere einen Form 2-Mollakkord auf dem dritten Bund. 3) Form 2. 4) G.

(Shape 5) Dm

(Shape 4) Fm

(Shape 3) Gm

Denke daran, jeden Akkord zu spielen und zu sagen, bevor du die zugehörige Skalenform spielst. Wenn du damit zurechtkommst, lasse den Akkord weg und spiele alle Übungen des vorherigen Kapitels durch.

Steige jede Form nacheinander auf und ab.

Steige ab und dann auf.

Steige eine Form auf und die nächste ab (z.B. A Blues aufsteigen und dann C Blues absteigen, etc.).

Spiele abwechselnd Licks von jeder Form, anstatt Skalen zu verwenden.

Wenn du diese Übungen im Bereich des 7. bis 10. Bundes abgeschlossen hast, übe die 4 Übungen in jeder der verbleibenden Positionen am Griffbrett: *10 bis 13, 12 bis 15* und *3 bis 5.*

Praxis-Tipps

Übe mindestens abwechselnd das Auf- und Absteigen jeder Skala für alle 5 Positionen jeden Tag. Sehr bald wird dies weniger als 10 Minuten deiner Übungsroutine in Anspruch nehmen und du wirst massive Freiheit entwickeln, überall auf der Gitarre zu spielen.

Mische es: Übe am ersten Tag das Auf- und Absteigen; am zweiten Tag das Absteigen und dann das Aufsteigen; Tag drei könnte Licks anstelle von Skalen verwenden, und Tag vier könnte eine aufsteigend, eine absteigend sein.

Arbeite weiter an den Licks und integriere sie langsam in dein Vokabular. Stelle sicher, dass du dir jeden Lick vorstellst, der auf oder um eine der Noten jedes Ankerakkords beginnt.

Der äolische Modus

Der äolische Modus ist einer der 7 Modi der Durtonleiter, auch bekannt als die *Natürliche Molltonleiter*. Wenn du dich für die Theorie hinter dieser Skala interessierst, solltest du dir ein weiteres meiner Bücher ansehen, **Der praktische Guide zu moderner Musiktheorie für Gitarristen.** Es ist eine eingehende Studie über die Moll-Modi Theorie, Harmonie und Solo spielen und ist als Buch und für dein Tablett oder PC erhältlich.

Äolisch ist ein Moll-Modus und hat ein dunkel klingendes Gefühl. Er wird von allen genutzt, von Dylan bis Metallica. Einige bemerkenswerte Kompositionen mit Akkordfolgen aus dem äolischen Modus sind:

Still Got the Blues – Gary Moore

Europa – Carlos Santana

All Along the Watchtower – Bob Dylan

Fear of the Dark – Iron Maiden

Der dunkle, beeindruckende Sound des äolischen Modus eignet sich nicht nur für rockige Heavy Metal-Soli, sondern ist auch eine tolle Wahl als Tonleiter über einem *Moll-Blues,* wie er von Gary Moore gespielt wird.

Die 1. Skalenform der A-äolischen Skala sieht so aus und klingt so:

Beispiel 12a:

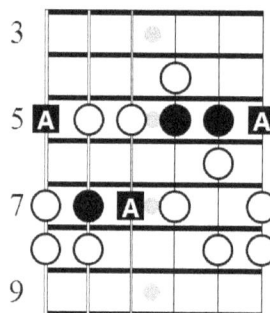

A Aeolian Shape 1

Wenn du noch nie zuvor diese Tonleiter gespielt hast, verbringe Zeit damit, ihren Charakter kennenzulernen, indem du sie über den langsamen äolischen Backing Track (*Backing Track 9*) spielst. Es ist wichtig, dass du den Klang der Skala in einer Position in deinen Ohren hast, bevor du sie mit dem CAGED-System in anderen Positionen verwendest. Du kannst vorwärts blättern, um ein paar Form 1- äolische Licks aus einem späteren Kapitel zu lernen.

Hier sind einige andere häufige Akkordfolgen, die aus dem äolischen Modus gebildet werden könnten. (Diese sind der *modernen Musiktheorie* entnommen, auf die oben verwiesen wird).

Das CAGED-System mit dem äolischen Modus

Nun, da du Zeit damit verbracht hast, den äolischen Modus in einer Position zu spielen, ist es an der Zeit, die Skala auf die anderen Bereiche des Griffbretts auszudehnen, wie du es bei der Blues-Skala getan hast. Zuerst lerne die 5 Ankerakkorde, um die herum wir die äolischen Skalenformen visualisieren werden:

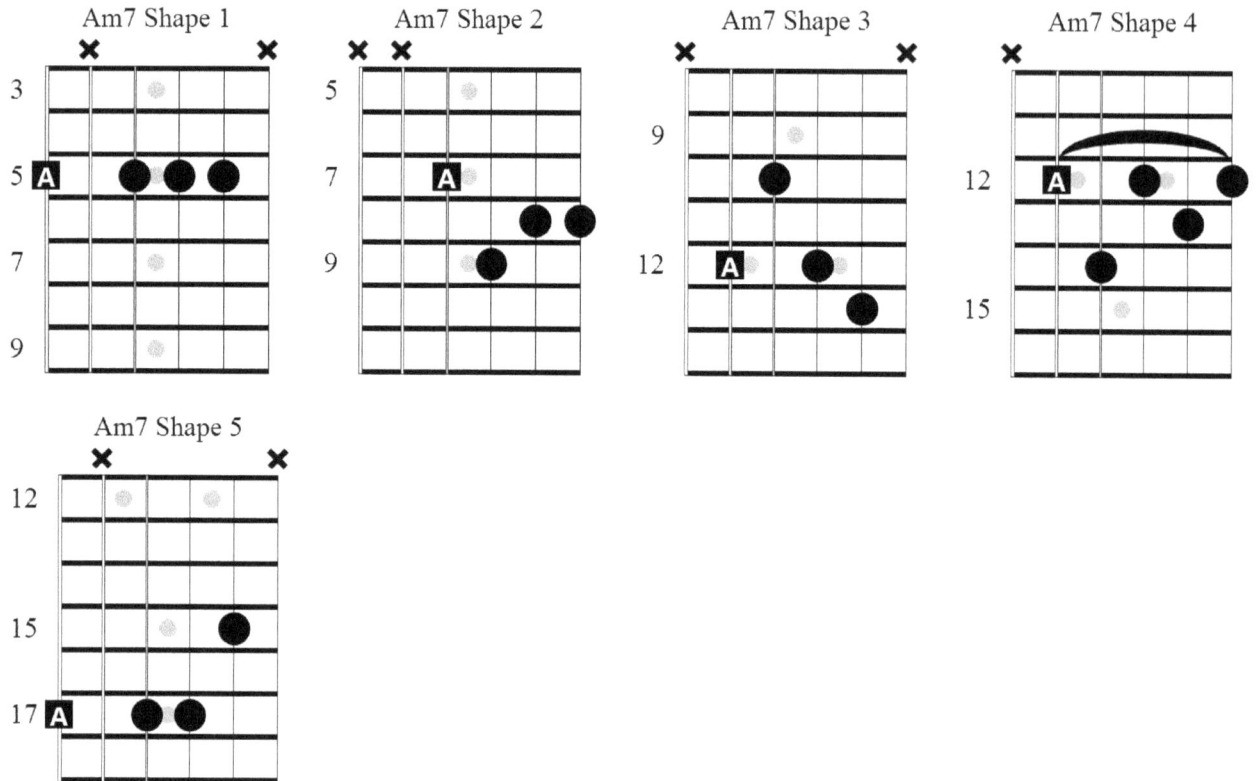

Während einfache Mollakkorde (nicht kleine Septime) für den äolischen Modus gleichermaßen gut funktionieren würden, müssen wir zwischen dem Ankerakkord für die Blues-Skala und dem für den äolischen Modus unterscheiden.

Beginne mit dem Erlernen der Akkorde und spiele dann die folgende Übung.

Beispiel 12b:

Teste dich selbst, indem du Formen überspringst, wie in *Beispiel 12c* gezeigt. Wenn du jede Form spielst, denke daran, ihren Namen und ihre Position laut zu sagen, z.B. „Am7 Form 1".

Beispiel 12c:

Wenn du dir die 5 Ankerakkorde eingeprägt hast, ist es an der Zeit, jede Position des äolischen Modus um jeden einzelnen zu bauen.

Beispiel 12d:

Beispiel 12e:

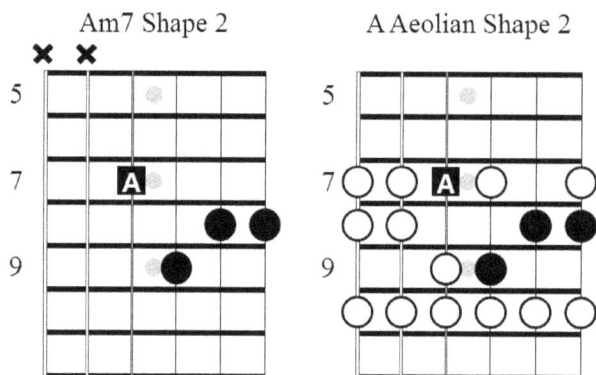

Beispiel 12f:

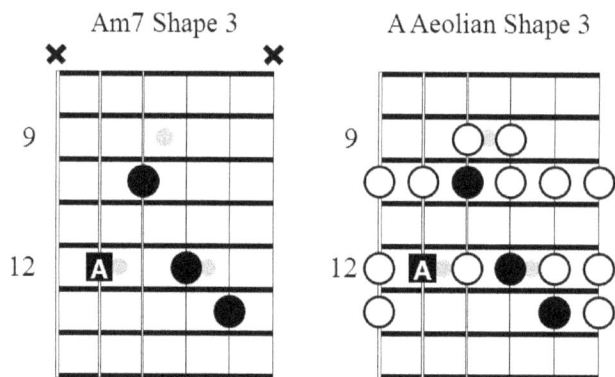

Beispiel 12g:

Am7 Shape 4 A Aeolian Shape 4

Am7

```
T   12
A   13
B   12
    14
    12
        12 13 15
                12 14 15
                    12 14 15    12 13 15    15 13 12
                        12 14       14 12   15 13 12
                            12 13 15            14 12    15 14 12
                                                    15 14 12    15 14 12
                                                            15 13    12
```

Beispiel 12h:

Am7 Shape 5 A Aeolian Shape 5

Am7

```
T   17
A   17
B   17
    17
        15 17
            14 15 17
                14 15 17    15 17 18    19 17 15
                    14 16 17    15 17   18 17 15
                        15 17 18            17 16 14    17 15 14
                                                17 15 14    17 15 14
                                                        17      15
```

Wie bei der Blues-Skala, verbinde die Formen vertikal entlang des Griffbretts in der folgenden Übung

Beispiel 12i:

Eine schöne Übung ist es, die Finger einfach einen Spaziergang am Griffbrett machen zu lassen und zu sehen, wie viele verschiedene Möglichkeiten du finden kannst, zwischen zwei beliebigen Skalenpositionen des äolischen Modus zu wechseln. Finden die Anschlüsse an allen 6 Saiten und das wird dir wirklich das Griffbrett öffnen. Probiere es auch in verschiedenen Tonarten aus.

Äolischer Modus Rock-Licks in 5 Positionen

Wenn du anfängst, dich mit diesen Formen auseinanderzusetzen, ist es an der Zeit, Vokabeln zu lernen, die auf jeder Position basieren.

Die folgenden Kapitel enthalten 25 äolische Licks, von denen 5 auf jeder Skalenform basieren. Höre dir zuerst die Audiobeispiele an und verbringe Zeit damit, nur deinen Lieblingslick aus jeder Form zu lernen. Es ist besser, einen Lick in jeder Position zu haben als fünf Licks in einer Position. Auch hier ist die Idee, jeden Lick an den Ankerakkord anzuhängen, den du im vorherigen Kapitel gelernt hast - alles, was du dir vorstellen musst, ist die erste Note des Licks, der über den Ankerakkord gelegt ist, und du wirst immer wissen, wo du diesen Lick beginnen sollst, egal in welcher Tonart du spielst.

Versuche, den Ankerakkord zu spielen und dann den Lick zu spielen, den du lernst, um diese Beziehung zu festigen.

Sehr wichtig ist zu beachten, dass der äolische Modus oft frei mit der Moll-Pentatonik / Blues-Skala kombiniert wird. Dies verleiht der Tonalität eine weitere Tiefe und lässt sie etwas „rockiger" klingen. Die folgenden 25 Licks spiegeln dies wider und einige von ihnen enthalten Noten aus der Blues-Skala.

Äolische Licks Form 1

A Aeolian Shape 1

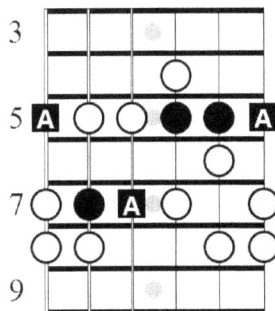

Beispiel 13a:

Beispiel 13b:

Beispiel 13c:

Beispiel 13d:

Beispiel 13e:

Äolische Licks Form 2

A Aeolian Shape 2

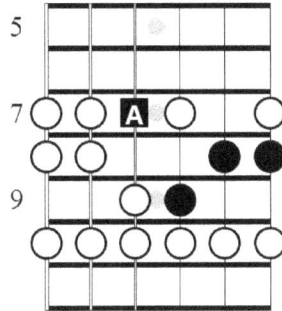

Beispiel 14a:

Beispiel 14b:

Beispiel 14c:

Beispiel 14d:

Beispiel 14e:

Äolische Licks Form 3

A Aeolian Shape 3

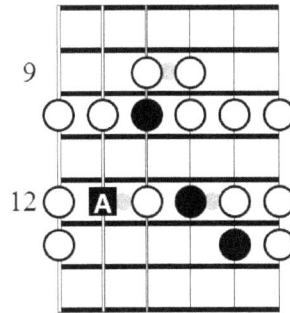

Beispiel 15a:

Beispiel 15b:

Beispiel 15c:

Am7

Beispiel 15d:

Am7

Beispiel 15e:

Am7

Äolische Licks Form 4

A Aeolian Shape 4

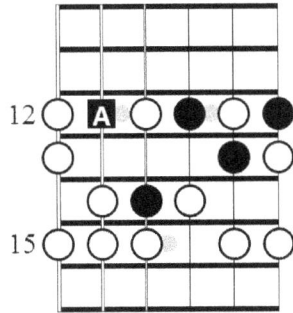

Beispiel 16a:

Beispiel 16b:

Beispiel 16c:

Beispiel 16d:

Beispiel 16e:

Äolische Licks Form 5

A Aeolian Shape 5

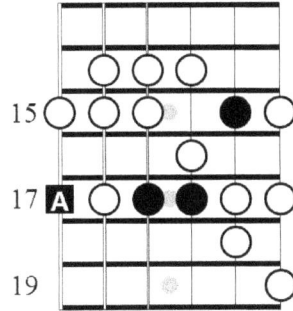

Beispiel 17a:

Beispiel 17b:

Beispiel 17c:

Beispiel 17d:

Beispiel 17e:

Wie bei den Blues-Licks, konzentriere dich zunächst darauf, einen Lick von jeder Form zu beherrschen, um das Griffbrett zu öffnen und die Licks zu lernen, die dir am besten gefallen. Wenn du einen von ihnen ändern möchtest, tue dies ruhig.

Besuche erneut das Kapitel „Licks natürlich in dein Spiel integrieren", um sicherzustellen, dass die Linien organisch und weich klingen.

5 tonale Zentren in einer Position mit dem Äolischen

Um den äolischen Modus in jeder Tonart und in jeder Position auf der Gitarre sehen zu können, ist es unerlässlich, die ACDFG-Übung in allen Positionen zu üben. Das Konzept ist identisch mit dem, das wir zuvor mit der Blues-Skala entdeckt haben. Wenn du also Probleme mit den folgenden Seiten hast, gehe zurück und studiere die Ideen, die wir im Abschnitt „5 tonale Zentren in einer Position" im Kapitel Blues-Skala behandelt haben.

Wiederum werden wir im 5. bis 8. Bund der Gitarre beginnen und durch die tonalen Zentren A, C, D, F und G spielen, diesmal mit dem äolischen Modus. Wie immer, beginne mit der Visualisierung des Ankerakkords, bevor du jede Skalenform spielst. Achte darauf, dass die quadratischen Punkte in den Skalendiagrammen mit den richtigen Grundtönen auf dem Griffbrett übereinstimmen.

Es kann helfen, vor jeder Tonleiter den passenden Ankerakkord zu sagen und zu spielen.

Beispiel 18a:

(Shape 4)

Dm7

(Shape 3)

Fm7

(Shape 2)

Gm7

Wenn du mit dieser Übung vertraut bist, versuche die Übung, die von der höchsten Note in jeder Form absteigt (Übung nicht dargestellt). Spiele diese Übungen über die *Backing Track 3,* übe dann schließlich die Aufwärtsbewegung in einer Form und die Abwärtsbewegung in der nächsten wie in *Beispiel 18b (Backing Track 4).*

Beispiel 18b:

Jetzt, anstelle von Skalen, wähle einen Lick in jeder Form und spiele durch die tonalen Zentren A, C, D, F und G über den Backing Track. Stelle sicher, dass du Tonart/Form/Lick zusammen mit den Änderungen auf dem *Backing Track* 3 änderst.

Übertrage schließlich, wie bei der Blues-Skala, diese Übungen auf die restlichen 4 Positionen auf der Gitarre. Visualisiere immer die Ankerakkorde, damit du sehen kannst, welche Skalenform du in jeder Position spielen musst, um in der richtigen Tonart zu sein. Es ist eine ganze Menge Arbeit, aber komm jeden Tag darauf zurück und es wird sich bald in deinem Unterbewusstsein verankern.

Der mixolydische Modus

Eine weitere der am häufigsten verwendeten Modi der Dur-Tonleiter ist der mixolydische. Es ist der 5. Modus der Dur-Tonleiter und hat einen fröhlichen bluesigen Klang. Er wird oft in Verbindung mit der Blues-Skala verwendet, um Blues-Soli heller zu machen. Man findet ihn weitgehend in den Soli von Spielern wie Stevie Ray Vaughan, Jimi Hendrix, Joe Satriani und fast allen anderen Rockgitarren-Ikonen, die es gibt.

Einige bekannte Lieder werden zum Beispiel mit der mixolydischen Tonalität geschrieben:

Sweet Child of Mine – Guns n' Roses

Sweet Home Alabama – Lynyrd Skynyrd

Ramblin' Man – The Allman Brothers Band

Summer Song – Joe Satriani

Freeway Jam – Jeff Beck

In der ersten Position kann der Mixolydische so gespielt werden:

Beispiel 19a:

A Mixolydian Shape 1

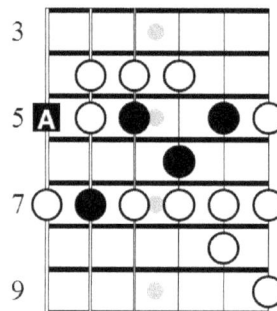

Verbringe Zeit damit, Form 1 gründlich zu erlernen und den einzigartigen Charakter über die mixolydische Backing Track (*Backing Track 11*) zu erlernen. Wie immer ist es wichtig, ein *Gefühl* für den Charakter eines Modus zu haben, bevor man seine Anwendung in allen Positionen anwendet. Wenn dir der Mixolydische neu ist, lerne ein paar Form 1-Licks aus dem späteren Kapitel, um den Klang zu verstehen. Kombiniere sie mit der Blues-Skala für einen authentischeren Ansatz.

Wenn wir mit dem mixolydischen Modus Soli spielen, ist der am besten geeignete Akkord ein *Dominant 7*- oder „7er"-Akkord, da er eine genaue harmonische Beschreibung der Skala ist.

Das CAGED-System mit dem mixolydischen Modus

Es ist am besten, den mixolydischen Modus um Dominant 7-Akkordformen herum zu visualisieren, z.B. A7, C7, D7, etc. Hier sind die 5 Positionen von A7, die du kennen solltest:

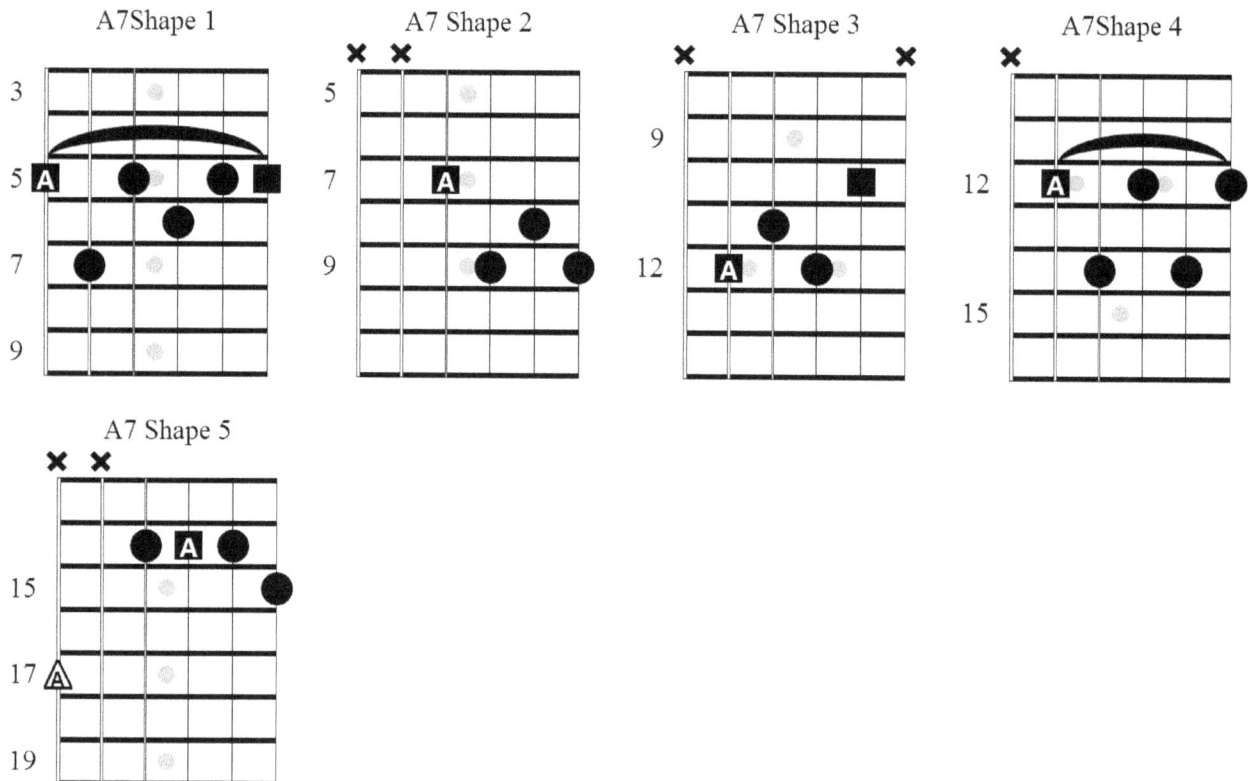

A7Shape 1 A7 Shape 2 A7 Shape 3 A7Shape 4

A7 Shape 5

Bei Form 5 spiele nur die Noten auf den oberen 4 Saiten. Visualisiere einfach die Bassnoten.

Lerne diese Akkordpositionen am Griffbrett, indem du sie nacheinander spielst.

Beispiel 19b:

Shape 1 Shape 2 Shape 3 Shape 4 Shape 5

Spiele auch die Akkordformen durch, wie in der Übung „Positionssprung" in den vorherigen Kapiteln gezeigt, z.B. Form 1 - 3 - 2 - 4, etc.

Wie du feststellen wirst, sind die Formen für den mixolydischen Modus die gleichen wie die des äolischen

Modus. Dies verstärkt die Notwendigkeit, dein modales Denken um spezifische, einzigartige Ankerakkorde zu organisieren.

Verbringe Zeit damit, dir jede Position des mixolydischen Modus um die fünf A7-Ankerakkorde herum zu merken.

Beispiel 19c:

Beispiel 19d:

Beispiel 19e:

A7 Shape 3   A Mixolydian Shape 3

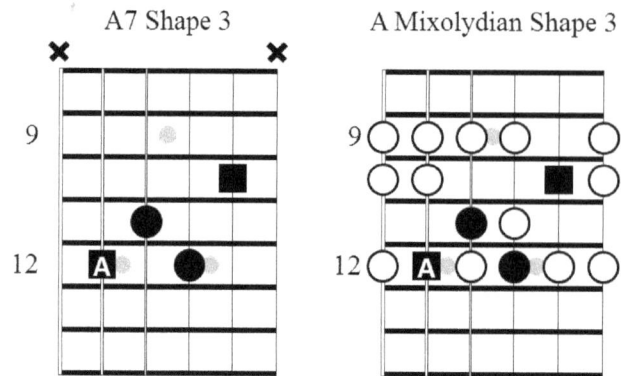

A7

```
        10                          9  10   12 10 9
        12                  10 12              12 10
        11           9 11 12                        12 11  9
        12     9  10 12                                     12 10 9
   9 10 12  9 10 12                                             12 10   9
```

Beispiel 19f:

A Mixolydian Shape 4   A7 Shape 4

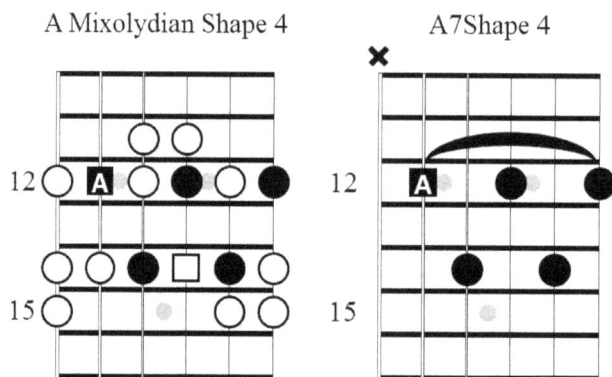

A7

```
        12                          12 14   15 14 12
        14                  12 14 15            15 14 12
        12           11 12 14                          14  12 11
        14     11 12 14                                       14 12 11
   12 14 12 14                                                   14 12
   12 14 15                                                        15 14   12
```

72

Beispiel 19g:

A7 Shape 5   A Mixolydian Shape 5

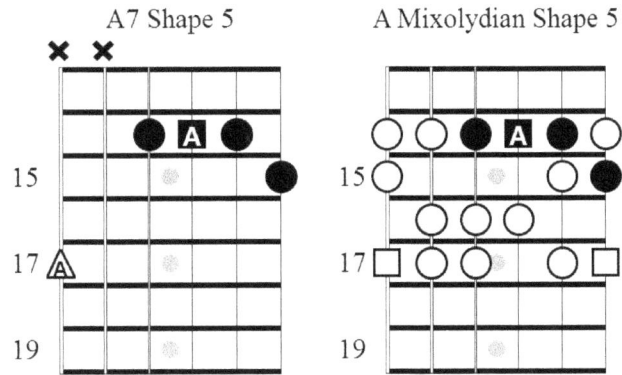

(Spiele den Akkord nur auf den oberen 4 Saiten, visualisiere nur die Bassnoten).

Schließlich, bevor du weitermachst, verbinde alle Formen miteinander, indem du das Griffbrett aufsteigst, wie gezeigt.

Beispiel 19h:

Mixolydischer Modus Rock-Licks in 5 Positionen

Die folgenden 25 Licks haben das gleiche Format wie in den vorherigen Abschnitten. Der mixolydische Modus ist frei kombinierbar mit der Blues-Skala für eine härtere, rockigere Stimmung. Höre dir zuerst die Audiobeispiele an und wähle zunächst an jeder Position deinen bevorzugten klingenden Lick. Auch hier sind die Licks so konzipiert, dass sie die Stärken jeder einzelnen Form spielen. Versuche also, das Denken hinter dem Lick zu verstehen, und nicht nur den Lick selbst.

Wie immer, merke dir jeden Lick, während du die zugehörige Akkordform visualisierst. Wenn du dich daran erinnern kannst, wo jeder Lick in Bezug auf jeden Akkord beginnt, hast du die Hälfte schon erreicht.

Mixolydische Licks Form 1

A Mixolydian Shape 1

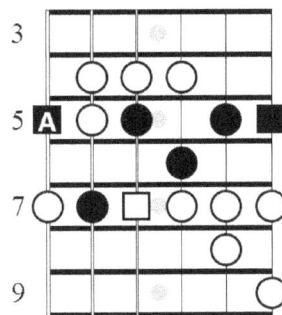

Beispiel 20a:

Beispiel 20b:

Beispiel 20c:

Beispiel 20d:

Beispiel 20e:

Mixolydische Licks Form 2

A Mixolydian Shape 2

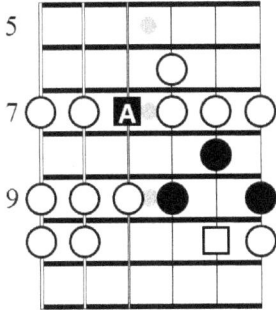

Beispiel 21a:

Beispiel 21b:

Beispiel 21c:

Beispiel 21d:

Beispiel 21e:

Mixolydische Licks Form 3

A Mixolydian Shape 3

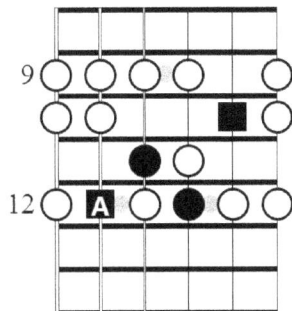

Beispiel 22a:

Beispiel 22b:

Beispiel 22c:

Beispiel 22d:

Beispiel 22e:

Mixolydische Licks Form 4

A Mixolydian Shape 4

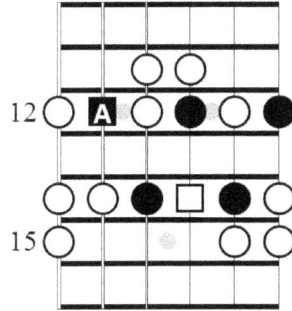

Beispiel 23a:

Beispiel 23b:

Beispiel 23c:

Beispiel 23d:

Beispiel 23e:

Mixolydische Licks Form 5

A Mixolydian Shape 5

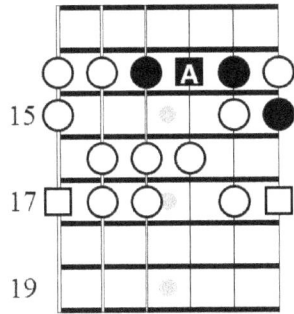

Beispiel 24a:

Beispiel 24b:

Beispiel 24c:

Beispiel 24d:

Beispiel 24e:

5 tonale Zentren in einer Position mit dem Mixolydischen

Um zum wesentlichen Prozess der Verinnerlichung dieser 5 Formen zurückzukehren, so dass sie dir in jeder Tonart und jeder Position zur Verfügung stehen, schauen wir uns nun die ACDFG-Übung mit dem mixolydischen Modus an. Zusammenfassend sei gesagt, solange du weißt, wo sich der Grundton einer Tonleiter auf dem Griffbrett befindet, kannst du einen Ankerakkord einer Tonleiter an diese Stelle verschieben und leicht die um den Akkord herum aufgebaute Tonleiter sehen.

Wir kennen bereits die Positionen der Noten A, C, D, F und G:

ACDFG Root Notes

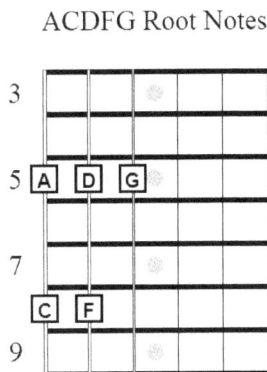

Jetzt müssen wir also sehen, welche mixolydischen Ankerakkorde mit jedem Tonartenzentrum übereinstimmen, ohne unsere Hand aus dem Bereich des 5. bis 8. Bund zu bewegen.

A-Mixolydisch wird mit Form 1 gespielt.

C-Mixolydisch wird mit Form 5 gespielt. (Denke daran, die beiden Basssaiten in diesem Akkord nicht zu spielen.)

D-Mixolydisch wird mit Form 4 gespielt.

F-Mixolydisch wird mit Form 3 gespielt,

und G-Mixolydisch wird mit Form 2 gespielt.

A7 Shape 1   C7 Shape 5   D7 Shape 4   F7 Shape 3

G7 Shape 2

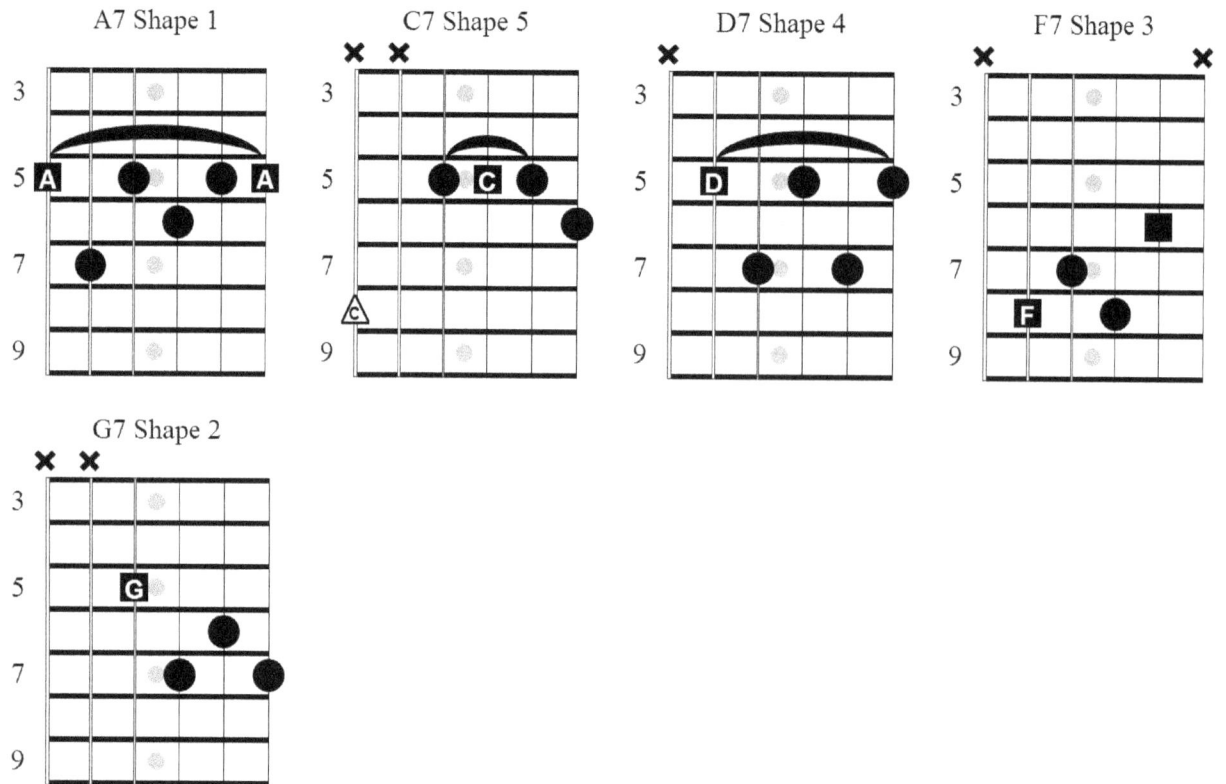

Sobald du diese Formen deutlich in ihrer Position sehen kannst, musst du einfach jede Skala nacheinander durchspielen, um das entsprechende tonale Zentrum zu treffen.

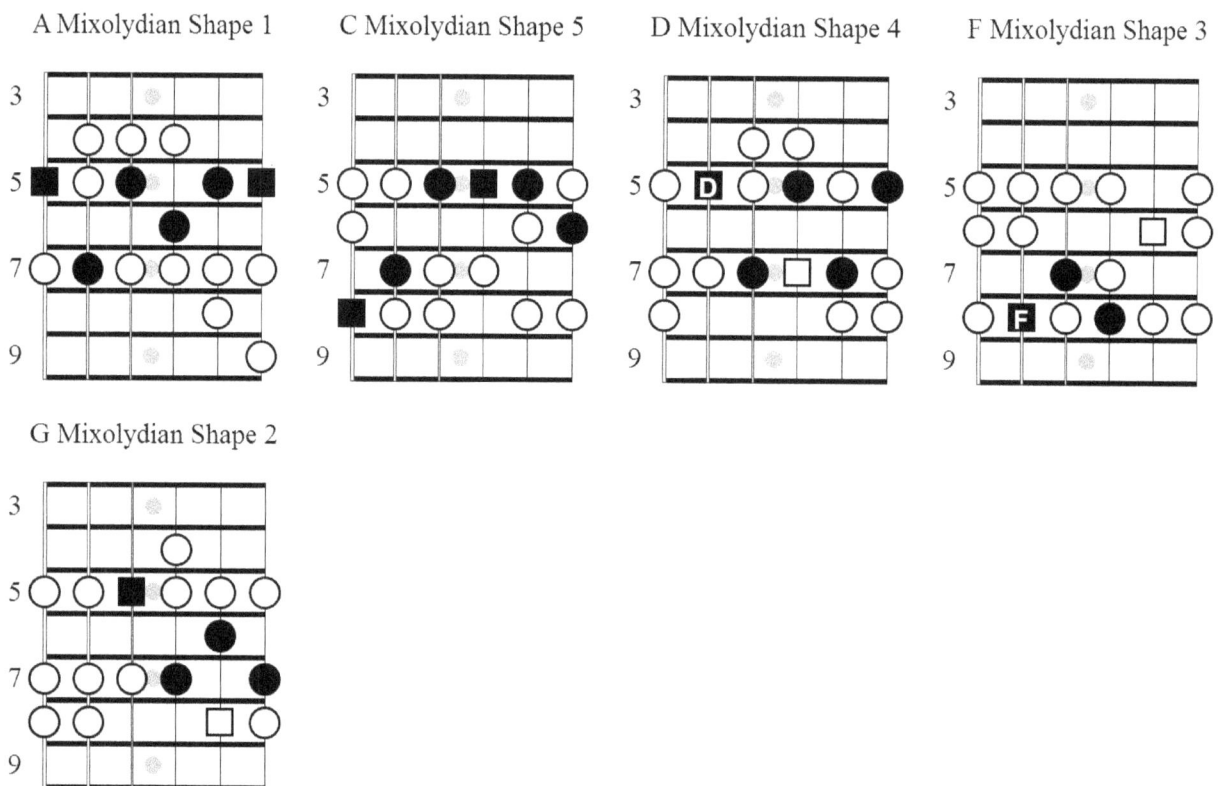

A Mixolydian Shape 1   C Mixolydian Shape 5   D Mixolydian Shape 4   F Mixolydian Shape 3

G Mixolydian Shape 2

Wie immer, beginne, indem du jeden Akkord spielst, bevor du jede Tonleiter nacheinander auf- und absteigst.

Beispiel 25a:

Wenn du das draufhast, wiederholst du die gleiche Übung, aber visualisiert einfach die Akkorde am Griffbrett, spiel sie diesmal nicht. Ziel ist es, dies synchron mit dem *Backing Track 5 zu* tun.

Nun steigt jede Form abwechselnd ab und auf. Wenn du zuerst wieder deine Ankerakkorde spielen musst, ist das in Ordnung.

Beispiel 25b:

Höre dir auch hier zuerst das Audiobeispiel an und versuche, es mit dem *Backing Track 5* abzuspielen.

Schließlich steigst du eine Form auf und steigst dann die nächste ab, wie in *Beispiel 25c* gezeigt. Du kannst diese Übung mit dem *Backing Track 6* spielen.

Beispiel 25c:

Wenn sich deine Visualisierung des Griffbretts verbessert und du mehr Selbstvertrauen entwickelst, spiele deinen Lieblingslick von jeder Form anstelle der Skala über die *Backing Track 5*. Wenn du dich damit wohl fühlst, versuche einfach nur reine Improvisation bei jedem Wechsel des tonalen Zentrums. Keine Licks, triff nur die Änderungen.

Es ist nun wichtig, dass du diese Übungen am Griffbrett in den folgenden Positionen verteilst:

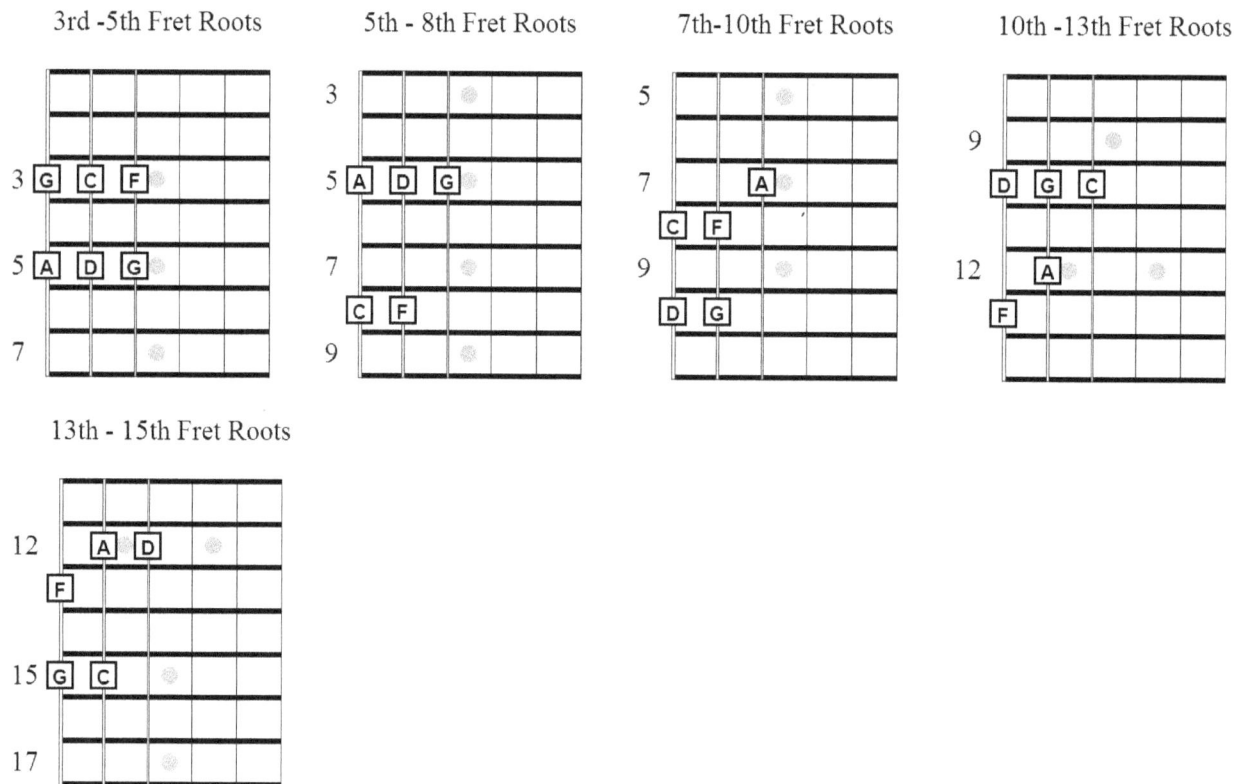

3rd -5th Fret Roots	5th - 8th Fret Roots	7th-10th Fret Roots	10th -13th Fret Roots

13th - 15th Fret Roots

Beginne in einer Position, die dir unbekannt ist, z.B. mit dem Bereich des 12. bis 15. Bundes.

Versuche, die folgenden Fragen zu beantworten:

Welche Form musst du verwenden, um einen Mixolydischen zu spielen, ohne deine Hand aus diesem Bereich zu bewegen?

Welche Form benutzt du, um C-Mixolydisch zu spielen?

Welche Formen brauchst du, um D, F und G-Mixolydisch zu spielen?[2]

Antworten unten.

Spiele nun die gleichen Übungen in dieser Position durch. Vergiss nicht, Licks und Improvisation sowie Skalen zu verwenden. Verliere nie das Ziel, Musik zu machen, aus den Augen.

---

[2] Antworten: A) 4, B), 3, C/D/E) 2, 1 und 5

Der lydische Modus

Der lydische Modus kann einer der schönsten, emotionalsten Klänge in der Musik sein. In Kompositionen vieler Musiker wie Frank Zappa, Steve Vai und The Foo Fighters verwendet und popularisiert, hat er eine reiche, fast asiatisch klingende Tonalität.

Zu den Songs, die um den lydischen Modus herum konstruiert wurden, gehören:

Flying in a Blue Dream – Joe Satriani

How I Miss You – Foo Fighters

The introduction to **Hole Hearted** – Extreme

Answers – Steve Vai

Shut up 'n' Play Yer Guitar – Frank Zappa

Lydisch ist eine äußerst wichtige Tonart im modernen Rock und ein unverzichtbar für angehende Gitarristen.

In seiner ersten Position kann lydisch wie unten gezeigt gespielt werden und wird normalerweise über einem **Maj7-Akkord** gehört:

Beispiel 26a:

A Lydian Shape 1

Spiele diese Skala über den lydische Backing Track (*Backing Track 10*), um ihren einzigartigen Charakter zu verinnerlichen. Lerne sie um den oben gezeigten Maj7-Akkord herum.

Das CAGED-System mit dem lydischen Modus

Erneut werden wir den lydischen Modus am ganzen Griffbrett erlernen, indem wir ihn mit geeigneten Akkordformen in Beziehung setzen. Im Falle vom Lydischen verwenden wir Maj7-Akkorde. Hier sind die 5 Positionen des AMaj7-Akkords:

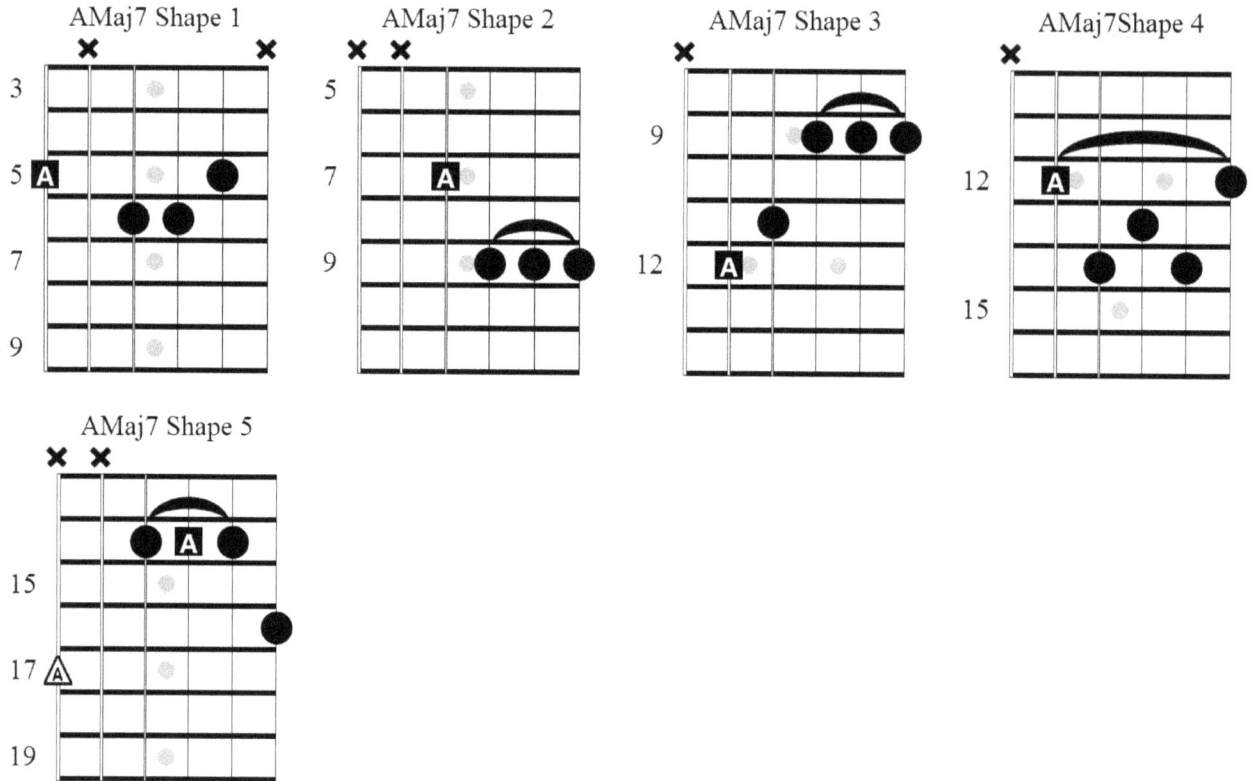

Spiele nicht die Bassnote der Form 5, sondern visualisiere sie einfach als Grundton auf der 6. Saite.

Spiele durch die 5 AMaj7-Formen in der Reihenfolge wie in *Beispiel 26b* dargestellt durch.

Beispiel 26b.

Um dich selbst zu testen, versuche, Formen wie im nächsten Beispiel zu überspringen.

Beispiel 26c:

Jetzt hast du dir die Akkordformen eingeprägt, lass uns die 5 Positionen des lydischen Modus im Kontext um sie herum lernen. Wie immer, spiele und sage den Akkord, bevor du jede Tonleiter durchspielst.

Beispiel 26d:

Beispiel 26e:

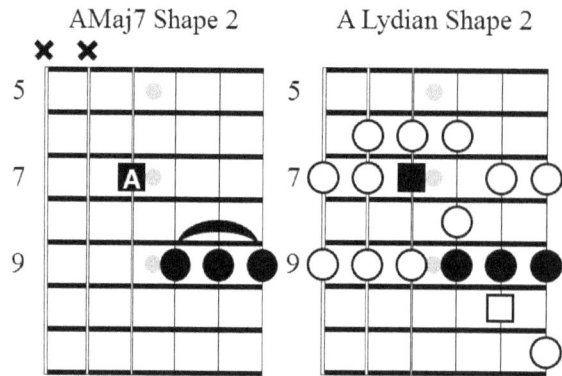

Beispiel 26f:

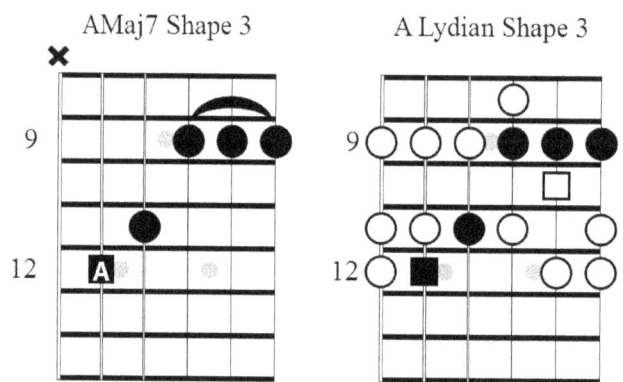

Beispiel 26g:

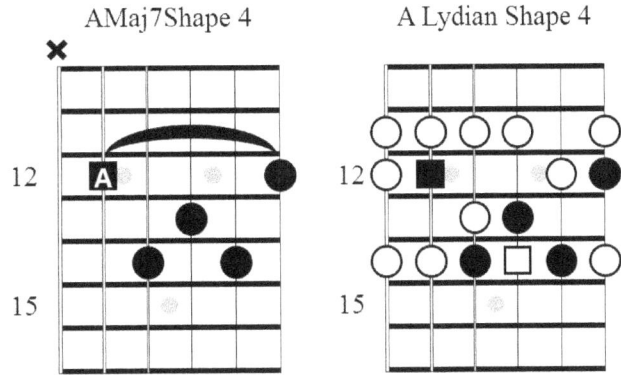

Beispiel 26h:

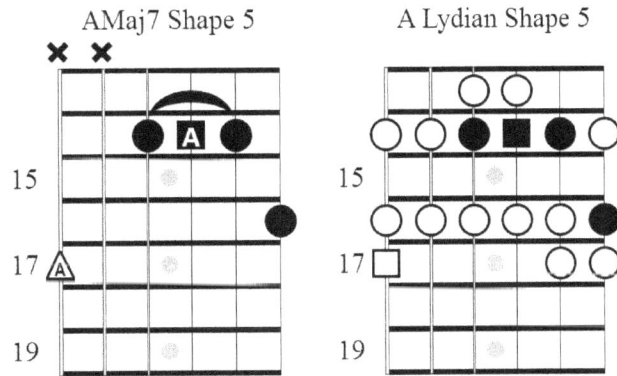

Verbinde die Positionen mit dieser Übung, um durch alle 5 Formen des Griffbretts zu steigen:

Beispiel 26i:

Übe, so viele Pfade wie möglich zwischen den Formen auf allen 6 Saiten zu finden.

Lydischer Modus Rock-Licks in 5 Positionen

Lydische Licks Form 1

A Lydian Shape 1

Beispiel 27a:

Beispiel 27b:

Beispiel 27c:

Amaj7

Beispiel 27d:

Amaj7

Beispiel 27e:

Amaj7

Lydische Licks Form 2

A Lydian Shape 2

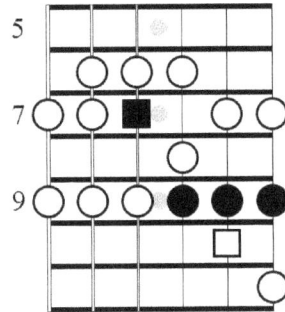

Beispiel 28a:

Beispiel 28b:

Beispiel 28c:

Beispiel 28d:

Beispiel 28e:

Lydische Licks Form 3

A Lydian Shape 3

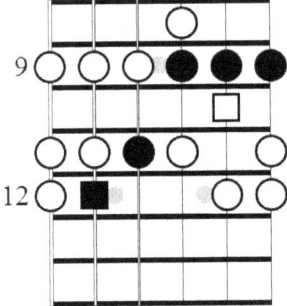

Beispiel 29a:

Beispiel 29b:

Beispiel 29c:

Beispiel 29d:

Beispiel 29e:

Lydische Licks Form 4

A Lydian Shape 4

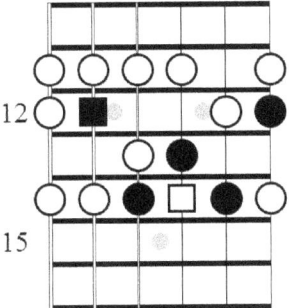

Beispiel 30a:

Beispiel 30b:

Beispiel 30c:

Beispiel 30d:

Beispiel 30e:

Lydische Licks Form 5

A Lydian Shape 5

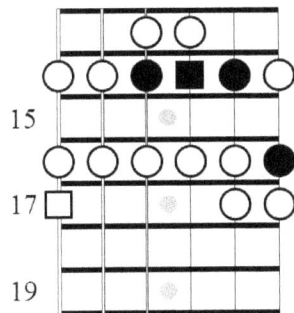

Beispiel 31a:

Beispiel 31b:

Beispiel 31c:

Beispiel 31d:

Beispiel 31e:

5 tonale Zentren in einer Position mit dem Lydischen

Um den lydischen Modus in jeder beliebigen Tonart und Position spielen zu können, führe die folgenden Übungen durch die tonale Zentren A, C, D, F und G durch, beginnend im Bereich des 5. bis 8. Bundes, bevor du sie wie zuvor beschrieben auf alle 5 Positionen am Griffbrett erstreckst.

Spiele alle Ankerakkorde in einer Position in der Reihenfolge A Maj7, C Maj7, D Maj7, F Maj7 und G Maj7 durch.

Dann spiele die Skalen von A-Lydisch, C-Lydisch, D-Lydisch, F-Lydisch und G-Lydisch im 5. bis 8. Bund der Gitarre durch. Du kannst jeder Skala ihren Ankerakkord voranstellen, wenn du Schwierigkeiten hast, die richtigen Formen zu sehen.

Beispiel 32a:

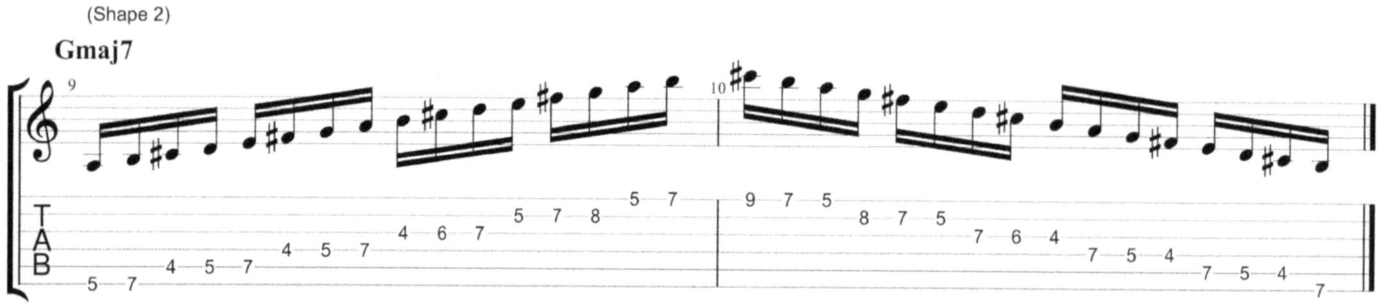

Gmaj7

Beginne langsam, aber arbeite daran, dies im Takt mit der Beispielspur und dem *Backing Track 7 zu* spielen.

Wiederhole nun diese Übung, aber steige ab und dann auf jeder Skala auf. Auch hier ist es wichtig, im Takt mit dem *Backing Track 7 zu* spielen.

Versuche, A-Lydisch aufzusteigen und dann C-Lydisch abzusteigen, wie in *Beispiel 32b* gezeigt. Dies kann in Verbindung mit dem *Backing Track 8* gespielt werden.

Beispiel 32b:

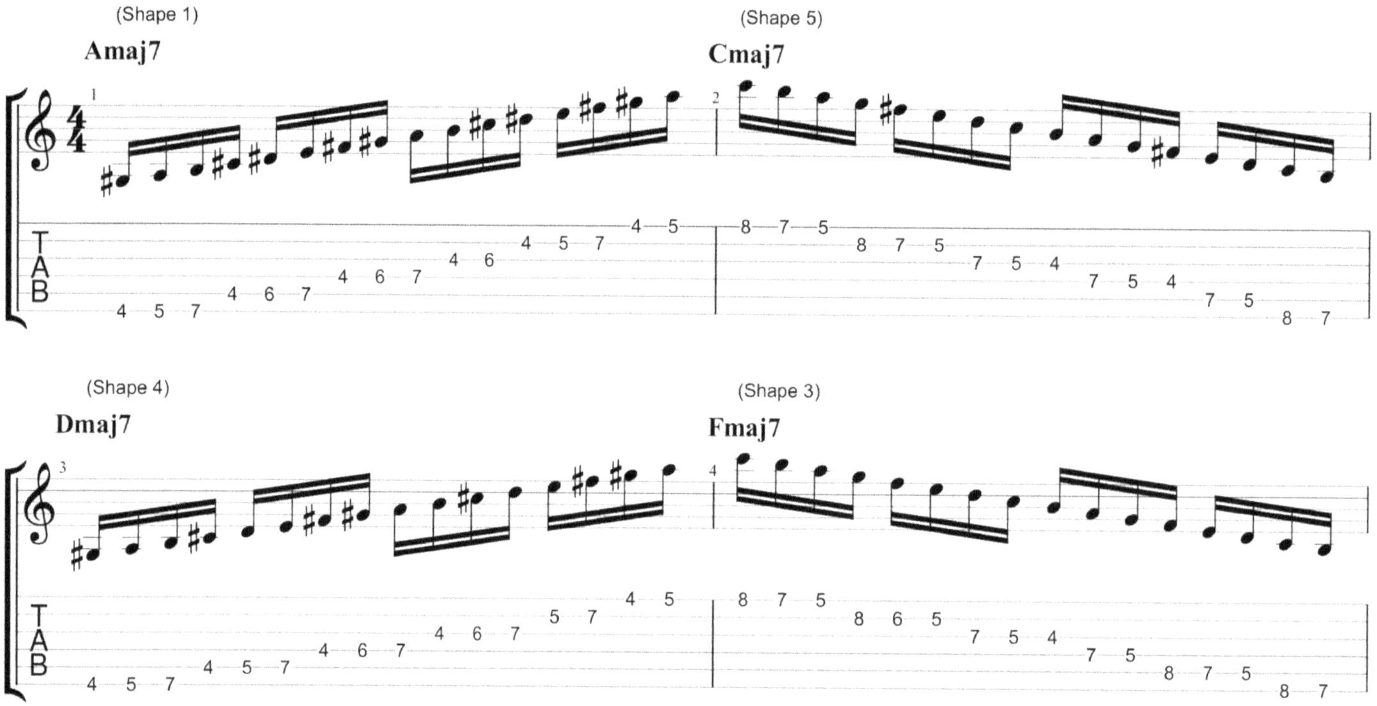

(Shape 1)

Amaj7

(Shape 5)

Cmaj7

(Shape 4)

Dmaj7

(Shape 3)

Fmaj7

(Shape 2)

Gmaj7

(Shape 1)

Amaj7

(Shape 5)

Cmaj7

(Shape 4)

Dmaj7

(Shape 3)

Fmaj7

(Shape 2)

Gmaj7

Wenn du mit diesen Übungen vertraut bist, ersetze jede Skalenform durch dein bevorzugtes Zwei-Bund-Lick in jeder Tonart und spiele Soli durch 5 Tonarten in einer Position.

Versuche ohne Licks frei zu improvisieren. Stelle sicher, dass du bei jeder Tonänderung auf einer starken Note (Akkordton) landest.

Übertrage alle Ideen aus diesem Kapitel auf alle anderen Positionen auf dem Griffbrett.

Schlussfolgerungen

Du solltest jetzt mit dem Prozess vertraut sein, mit dem ich alle meine Tonleitern und Licks in jeder Tonart und überall auf der Gitarre spiele.

Die vier Schritte sind:

Lerne die Ankerakkordform, die auf dem ersten Ton der Skala aufbaut.

Merke dir die Skalenform um den Akkord herum.

Lerne Licks rund um die Akkordform.

Bringe die Licks in dein eigenes natürliches Spiel ein, indem du sie mit deinen eigenen Ideen umgibst.

Jede Skala oder jeder Modus kann in 5 verschiedene Formen unterteilt werden, die jeweils um einen leicht erkennbaren Akkord herum aufgebaut sind. Wenn du dir die Tonleiter um diesen Akkord herum merken kannst, wirst du keine Probleme haben, in verschiedenen Tonarten zu spielen, da du den Ankerakkord einfach in eine andere Position am Griffbrett schieben kannst.

Du *musst* die Positionen aller Noten auf den unteren drei Saiten deiner Gitarre kennen. Das ist nicht so schwer, wie es sich anhört!

Der beste Weg, die Verwendung einer beliebigen Form in jeder Position zu üben, besteht darin, die tonalen Zentren A, C, D, F und G zu durchspielen, während du deine Griffhand innerhalb der Spanne von 3 Bünden hältst.

Verwende die Backing Tracks aus diesem Buch und dem Internet, um in verschiedenen Tonarten zu üben. Es gibt Hunderte davon. Jedes Mal, wenn du Soli spielst, beginne dein Solo bewusst in einem unbekannten Bereich des Griffbrettes, um dein visuelles Bewusstsein zu entwickeln.

Vor allem, hör zu! Nimm deine Übungen so oft du kannst auf. Das kann anfangs beängstigend sein, aber indem du eine ehrliche Einschätzung deines Spiels machst, wirst du dich viel schneller verbessern. Mein bester Ratschlag ist, dass *du deine Aufnahme 24 Stunden lang nicht anhören solltest.* Das wird dir die Chance geben, objektiver und distanzierter zu sein. Wenn du einer herausfordernden Übungseinheit zu kritisch gegenüberstehst, kann das negative Gefühle für deine Musik hervorrufen. Wenn du einen Tag wartest, wirst du mit einem kühlen Kopf und einem aufmerksameren Geist zurückkehren.

Im Zweifelsfall spiele einfach und hab Spaß!

Joseph

www.ingramcontent.com/pod-product-compliance
Lightning Source LLC
Chambersburg PA
CBHW081430090426
42740CB00017B/3248